PAUSE

DU MÊME AUTEUR

La Révolution du partage, Flammarion, 2018 ; Pluriel, 2024.

Ose ! Tout le monde peut devenir entrepreneur, Flammarion, 2020 ; Pocket, 2021.

Alexandre Mars

PAUSE

Pour une vie alignée

Fayard

Couverture : ADGP
Photo : Héloïse Morel

ISBN : 978-2-213-72702-8
Dépôt légal : mars 2024

Prologue

«Qui suis-je ?»

«Il y a une faille dans toute chose,
c'est par là qu'entre la lumière.»

Leonard Cohen

Je me suis longtemps caché derrière une image. J'avais «réussi», et c'est cette réussite seule que je devais afficher. Tout ce que j'avais vécu, mes problèmes, mes difficultés, mes failles, les «non» auxquels je m'étais heurté, tout cela devait rester secret. Je n'assumais pas d'avoir redoublé, je n'assumais pas les efforts inouïs et le travail acharné que j'avais dû fournir pour réussir.

Vu de l'extérieur, on aurait pu croire que toutes les bonnes fées s'étaient penchées sur le berceau de l'entrepreneur que j'étais, que je n'avais que des facilités, que j'empruntais depuis toujours une autoroute balisée, sans avoir connu le moindre incident de parcours.

Cette image était devenue une carapace que je n'ôtais pour ainsi dire jamais. Je me débrouillais pour la réparer quand elle craquait, pour la faire constamment briller. Y compris le jour de la mort de mon frère. Je m'étais évidemment effondré en apprenant cette tragédie. Je me souviens être sorti courir, en espérant évacuer mon trop-plein de désespoir. De fait, quelques heures plus tard, je respectais un engagement important avec l'un de mes plus proches collaborateurs. Dans les jours qui ont suivi, j'ai assuré tous mes engagements, y compris le dîner de gala d'Epic à New York, la fondation que j'ai créée pour me battre contre l'injustice sociale. En façade, je ne laissais rien paraître. Mais ce n'était qu'une façade. À l'intérieur, j'étais dévasté.

Sur les réseaux sociaux, dans ta vie, tu croises beaucoup de façades, beaucoup d'images. Et tu te laisses avoir. Tu te compares avec ces illusions, ces fantômes, et tu ne vois plus que tes propres failles, tes défauts, ce que tu considères comme des déterminismes qui te tirent vers le bas.

Forcément, tu ne te sens pas souvent à la hauteur. Par honte, par dépit, tu restes en retrait. Tu baisses les bras. Exactement comme Mariam, que j'ai rencontrée lors d'un événement permettant la discussion entre des jeunes et des mentors, une jeune femme brillante, extrêmement douée, qui rêvait de travailler dans le monde du luxe, mais n'osait même pas entamer la moindre démarche en ce sens, et pour cause : elle ne voyait en elle que ses failles. Elles étaient réelles : Mariam pensait ne pas être issue du « bon milieu », de la « bonne famille », ne pas avoir la « bonne couleur de peau » ni le bon réseau par ses parents pour l'aider. Et alors ? Elle avait un atout fantastique : elle savait ce qu'elle avait envie de faire de sa vie. Et elle en avait les capacités.

Ouvre les yeux. La vie n'est une story Instagram pour personne. Tous ceux que tu vois sourire, avancer, réussir, se sont battus et se battent encore contre des ennuis, des problèmes, des difficultés, des failles. Mais ils se sont d'abord battus contre eux-mêmes, pour se débarrasser de leur carapace, qui les éloigne de ce qu'ils sont, et pour réussir à détecter leurs atouts, leurs faiblesses, leurs aspirations, leurs douleurs, leurs peurs, leurs envies ; pour réussir à se connaître ; et surtout pour réussir à s'aligner, c'est-à-dire être en adéquation avec leur vérité profonde, avec ce qu'ils pensent, ce qu'ils espèrent, ce pour quoi ils ont envie de se battre.

C'est le chemin sur lequel je voudrais te guider. Le chemin du « Qui suis-je ? », le seul qui t'aide à dépasser tes conditionnements, à passer outre les attentes qui pèsent sur toi, à te détacher du regard des autres, qui parfois t'écrase. J'ai moi-même souvent été jugé, catalogué, c'est ce qui m'avait amené à dissimuler mes failles aux autres et, pire encore, à me les dissimuler. Je te propose un itinéraire au gré de mes expériences de vie, mais aussi de celles de personnes inspirantes, qui partagent avec nous ce qu'il y a derrière leur réussite apparente.

Tu te méfies de toi-même. Je veux, dans les pages qui suivent, t'amener à prendre conscience d'une réalité : ce que tu appelles tes défauts, tes faiblesses, peut aussi être en réalité tes forces. Quant aux épreuves que tu traverses, tu découvriras qu'elles sont des pierres blanches sur ton chemin. Mariam non plus ne m'avait pas cru tout de suite. Il lui a fallu du temps pour surmonter ses peurs, ses appréhensions. Pour trouver la force d'essayer. Et ça a marché ! Elle a intégré une grande école de commerce, a fait son premier stage chez Dior et, m'a-t-elle dit, elle a « beaucoup aimé » !

La rencontre avec soi est le projet d'une vie. Autant déclencher tout de suite le processus ! Parce que tu as tout à y gagner, rien à y perdre. Cette rencontre te donne les armes pour affronter la vie. Grâce à elle, tu connais mieux le bateau sur lequel tu es embarqué, tu es à même de naviguer par temps de houle. Au pire, tu seras bousculé, mais tu resteras debout et tu continueras à tracer ton chemin. En étant aligné, tu es libéré.

Sors du déni. Ce livre s'adresse à toi qui es emprisonné sous une carapace trop lourde. Tu vas me suivre avec ton bagage émotionnel, tes imperfections, tes blessures.

Viens, prenons une pause, nous n'avons pas de temps à perdre !

Chapitre 1

Tu ne réussiras pas

> « La prospérité révèle nos vices et l'adversité nos vertus. »
>
> Francis Bacon

Tu ne réussiras pas parce que…

… « tu ne viens pas du bon endroit »,

… « tu n'as pas de bons résultats » (à l'école, à l'université, dans ton travail…),

… « tu n'as pas de bons réseaux »,

… « tu n'es pas issu du bon milieu »,

… « sois réaliste, ce n'est pas fait pour toi ».

J'en ai entendu, moi aussi, des « tu ne réussiras pas ». Ma position de deuxième dans la fratrie ne m'aidait pas : j'étais, de ce seul fait, moins fort, moins rapide que mon frère. Il montait toujours devant en voiture, il était en tout meilleur que moi, il avait la place préférentielle et j'avais très vite intégré que je ne serais jamais le premier, au mieux le deuxième. Dans son « Horoscope des fratries », Ben Mazué, un prodige de la chanson française, a très bien résumé l'affaire : « Vous, seconds, serez toujours seconds et toujours battus. »

Ce n'était pas mieux au collège : je n'excellais en rien. Cela avait commencé en sixième. Certains de mes professeurs auraient pu me fracasser mentalement : mon enseignante de physique, qui ne me supportait pas, une autre professeure, de français, qui était vraiment acariâtre. Elle, elle me flinguait publiquement avec une régularité exemplaire… mais je ne l'estimais pas assez pour la prendre au sérieux. D'autres me secouaient parce qu'ils étaient justes. Je comprenais ce qu'ils voulaient me dire, même si je ne l'acceptais pas.

Nous avons tous eu droit, un jour ou l'autre, à un « tu ne réussiras pas » ou à un « tu réussiras moins bien ». Et alors ?

Je vais te raconter l'histoire de Mathias Vicherat, le directeur de Sciences Po Paris, l'une des écoles de sciences politiques les mieux cotées au niveau international. Un grand-père ouvrier sidérurgiste syndiqué, une mère éducatrice spécialisée, un père qui a gravi un à un les échelons de la FNAC jusqu'à en devenir, bien plus tard, directeur du développement durable, Mathias a grandi dans une tour HLM de Seine-Saint-Denis, puis à Ménilmontant.

Il était un élève moyen, de ceux auxquels on écrit dans le carnet de notes « médiocre », « désinvolte », « impertinent », « paresseux ». Après avoir été renvoyé plusieurs fois de son collège, en ZEP, il avait tout de même intégré un lycée. C'est là que, répondant à la question « Que veux-tu faire plus tard ? » lors d'un conseil d'orientation, il avait levé la main : « Sciences Po. » Le conseiller principal d'éducation du lycée l'avait regardé droit dans les yeux en s'esclaffant : « Non, non, mais sérieusement ?! » « Là, me dit Mathias, il y a deux réactions possibles. Soit tu es fragile et tu te dis que, bon, le conseil d'orientation dit non, donc tu ne peux pas. Soit, et ce fut ma réaction, tu penses très fort : "Je vais te faire mentir." »

Mathias avait entendu parler de Sciences Po et c'est là qu'il voulait aller. Il avait une bonne raison de ne pas douter : le regard de sa mère, rempli de honte quand les profs la convoquaient pour se plaindre, mêlant la rage, la déception et beaucoup d'amour quand elle venait ensuite le voir pour lui demander : « Pourquoi ? »

J'ai moi aussi, malgré les « tu ne réussiras pas », construit ma vie en n'imaginant jamais que je pouvais échouer. En réalité, je n'avais pas intériorisé tout ce qui m'était dit. Bien sûr, ces propos ne glissaient pas sur moi, je les entendais bel et bien – et d'ailleurs je t'en parle encore –, mais ils n'entamaient pas ma conviction, ma croyance en moi.

Certes, la blessure était là. Cependant, c'était à moi de la transformer en force, en moteur de réussite pour construire ma vie avec elle, grâce à elle. Comme Mathias, j'avais bénéficié du regard inconditionnellement positif et aimant de ma maman, elle avait toujours cru en moi. J'avais également entendu la remarque d'un proviseur exceptionnel, qui, malgré mes résultats médiocres, avait relevé que je m'investissais en tant que délégué des élèves et que je donnais beaucoup de mon temps aux autres. J'étais donc capable de réussir quelque chose. Les entends-tu, ceux-là qui reconnaissent tes forces, tes mérites, tes accomplissements, ou bien n'écoutes-tu que ceux qui te brisent les ailes ?

Tu n'es pas parfait, mais personne ne l'est. C'est ce que tu dois commencer par intégrer.

Tu as des failles, des lacunes, mais nous en avons toutes et tous. L'avantage de ceux qui te lancent : « Tu ne réussiras pas » est qu'ils t'indiquent ces failles, certes brutalement. Néanmoins, considère qu'ils t'aident à leur manière en te mettant le doigt sur la plaie. Tout vaut mieux que de rester dans le déni, dans l'ignorance de ce qui ne va pas.

Même Antoine Griezmann a entendu des « tu ne réussiras pas » ! Il s'entraînait au foot depuis l'âge de six ans, sous la conduite de son papa, mais vers ses treize ans, quand il tente de séduire des recruteurs, la réponse est sèche : « Non, trop petit. » Il a quinze ans quand, après avoir continué à frapper à toutes les portes, le club espagnol de la Real Sociedad lui accorde une chance. « Il était tellement petit ! Il touchait peu le ballon en match. J'ai préféré regarder ce qu'il possédait comme atouts plutôt que de m'arrêter sur ce qui lui manquait. C'était un pari à l'époque. Il avait une telle détermination que je me suis dit que le jeu en valait la chandelle », se souvient l'un de ses anciens conseillers. La suite, on la connaît…

Mathias Vicherat a lui aussi eu l'intuition qu'il devait passer outre l'avis du conseil d'orientation. Il ne s'est pas replié sur lui-même, il ne s'est pas laissé briser, mais il est resté attentif à tous les signaux qui le mèneraient à la réalisation de son rêve. Lors d'un mariage, il a échangé avec le directeur d'une hypokhâgne. Il ne s'est pas laissé impressionner, lui a dit qu'il était en ZEP. Cet homme l'a écouté avec intérêt, puis lui a confié : « Tu es dans un établissement qui nous intéresse. On veut de la diversité dans notre prépa, donc tente le coup. »

« Il m'avait donné une espèce d'étincelle, m'a assuré Mathias. J'ai donc tenté. » La suite : Sciences Po puis l'ENA, un cursus académique cinq étoiles qui l'a mené à une carrière tout aussi brillante. Tant dans le public, à la préfecture de Seine-Saint-Denis, à la mairie de Paris ou à la direction générale de la Police nationale, que dans le privé, par exemple chez Danone. En 2021, il a été nommé à la tête de Sciences Po, cette école que, lui avait-on prédit, il ne pourrait jamais, au grand jamais, intégrer.

L'acteur Roschdy Zem a aussi dû forcer son destin. « Je voyais bien dans le regard des autres que l'on me donnait peu de chances de m'en sortir, me confie-t-il. Ensuite, je ne pouvais m'en prendre qu'à moi-même : je me renvoyais cette image-là du cas social. Mais, je ne sais pas, il y a toujours cette petite voix qui te fait penser que la chance est quelque part, en tout cas pas là où tu as grandi. Tu sais que tu vas, selon ton étoile, faire de bonnes ou de mauvaises rencontres, mais je savais pertinemment que mon avenir était ailleurs, et pas très loin. Il fallait juste passer le périph'. »

À toi maintenant de ne pas te laisser briser, mais, au contraire, de te réveiller, de réagir.

Ceux qui t'ont dit que tu ne réussirais pas avaient raison, ils t'ont fait gagner du temps : tu as, comme l'immense majorité des femmes et des hommes, un handicap de départ. Ils t'ont aidé à le reconnaître. Jérémy Clédat, le cofondateur de la start-up Welcome to the Jungle, une plateforme de recrutement nouvelle génération, s'était acharné, après la crise des *subprimes* et un échec dans la finance, à essayer d'intégrer un cabinet de conseil, une voie dite royale – même s'il n'en avait pas envie. Sans la brutalité du DRH de l'un de ces cabinets, lui assenant : « Franchement, je ne vois pas ce que vous faites là », il ne se serait pas lancé dans ce qui lui faisait vraiment envie : l'investissement, l'entrepreneuriat.

Ces mêmes personnes qui t'ont affirmé que tu ne réussirais pas (et qui t'ont ainsi fait gagner du temps) ont en même temps tort : ce qu'elles t'ont dit n'est pas vrai, parce qu'elles ne te connaissent pas, parce que ce n'est peut-être que de l'aigreur, de la méchanceté, ou parce que leur esprit est trop étroit, donc inadapté au monde tel qu'il est aujourd'hui, différent d'hier. Et puis, surtout, parce que personne ne sait de quoi demain sera fait ni comment toi, tu le feras.

Il y a un dernier élément qui est capital : toutes ces personnes, qu'elles t'aient encouragé ou pas, te connaissent-elles parfaitement ? Qui te connaît ? Peut-être un tout petit cercle serré autour de toi, et encore.

Alors oublie tous ces préjugés ! Tu vas prouver à ceux qui doutent de toi qu'ils ont tort. Occupe-toi de l'utile : prends du temps pour découvrir qui tu es, afin de construire les fondations solides sur lesquelles tu bâtiras ta vie.

Tu vas devoir oser : oser tenter, oser donner le meilleur de toi-même sans laisser ces idées préconçues, que tu as peut-être intégrées, te faire perdre tes moyens et venir à bout de tes rêves.

Ne t'en fais pas, je vais t'y aider tout au long des pages du livre que tu tiens entre tes mains.

À RETENIR

- Celles ou ceux qui te disent : « Tu ne réussiras pas » ne disposent pas d'une boule de cristal qui leur permet de voir le futur. Elles et ils n'en savent rien.
- Écoute quand même ce qu'elles ou ils ont à te dire. Parfois, il s'agit d'une faille, petite ou grande, avec laquelle tu vas devoir composer pour atteindre le sommet. Il est important de savoir qu'elle existe.
- Ensuite ? À toi d'agir pour prouver qu'ils ont eu tort. Ne laisse pas le « Tu ne réussiras pas » te briser. Utilise-le plutôt comme une source de motivation.

Pour retrouver l'intégralité de l'interview de Mathias Vicherat sur le podcast PAUSE, flashe ce QR code

Pour retrouver l'intégralité de l'interview de Ben Mazué sur le podcast PAUSE, flashe ce QR code

Pour retrouver l'intégralité de l'interview de Roschdy Zem sur le podcast PAUSE, flashe ce QR code

Pour retrouver l'intégralité de l'interview de Jérémy Clédat sur le podcast PAUSE, flashe ce QR code

Chapitre 2
La rencontre

> « Une vraie rencontre, une rencontre décisive, c'est quelque chose qui ressemble au destin. »
>
> Tahar Ben Jelloun

On te dit « rencontres », tu penses « réseau » et tu baisses les bras. « Moi, je ne connais personne. » Cette phrase tourne en boucle quand j'anime des masterclass à Vaulx-en-Velin, près de Lyon, à Molenbeek, près de Bruxelles, ou dans les quartiers d'East London, à Londres ; et elle me fait systématiquement bondir. Ne mélangeons pas tout !

Nous en viendrons aux réseaux, mais la rencontre dont je vais te parler est bien plus importante. Elle a souvent l'air banale, mais elle bouleverse la trajectoire d'une vie. Elle n'est pas spectaculaire, mais elle mérite d'être suivie. Surtout, ne la néglige pas, ne t'en dessaisis pas. Elle peut te mener loin.

Tu le comprendras mieux si je te raconte l'histoire de Dany Boon. Depuis son adolescence, Dany rêvait de devenir comédien. Il était certainement doué, puisqu'il avait été accepté au très exigeant cours Simon, sans un centime en poche et sans personne pour le soutenir. Il me raconte qu'il vivait de rien, c'est-à-dire de la menue monnaie qu'il gagnait en faisant mime dans la rue. Il se nourrissait de pain et de lait : « Je buvais un litre de lait, je mangeais du pain, et le pain gonflait dans mon estomac grâce au lait. » Quand il accompagnait ses copains à la brasserie du coin, il prétendait n'avoir jamais faim ni soif – en fait, il n'avait pas de quoi payer. Et, en partant, il embarquait la corbeille de pain.

Dany Boon était également doué en dessin. Un jour, ne supportant plus cette galère, il a accepté un job dans la création d'un dessin animé. Il regrettait d'avoir abandonné la comédie, mais, au moins, il n'avait plus faim. Son avenir semblait tracé.

Un matin, par le plus pur des hasards, il croise dans la rue une ancienne camarade du cours Simon. Elle lui pose la question classique : « Que deviens-tu ? Acteur ? — Non, je suis dessinateur. » Son amie réagit : « Mais pourquoi ? S'il y a bien quelqu'un au cours Simon qui devait faire acteur, c'est toi ! »

La rencontre s'arrête là. Dany Boon y repense le reste de la journée. Le lendemain, il annonce à ses patrons qu'il arrête et ne reviendra plus au bureau. « Je me suis mis en péril. Je me grillais dans le métier de dessinateur. Mais j'étais face à un mur, ou plutôt à un vide, et j'ai sauté. »

Ce bout de fil que lui avait tendu son amie, il ne l'avait pas lâché. On connaît la suite de son incroyable carrière d'acteur.

J'ai moi-même mis plus de temps à identifier ma rencontre, sans doute parce qu'on se rencontrait tous les jours : il s'agissait du proviseur de mon lycée, monsieur Attal. J'étais en terminale, certains de mes professeurs savaient que je n'aurais pas mon bac et ils ne voulaient ni que je les ennuie une année de plus avec mes pitreries, ni que je plombe les résultats de l'établissement. Au conseil de classe du troisième trimestre, ils étaient prêts à prendre une décision radicale : m'éjecter et me caser dans un autre lycée. Le proviseur, qui me côtoyait par ailleurs en tant que délégué des élèves et administrateur du lycée représentant les élèves, me connaissait sous un autre jour. Il m'a défendu : « Vous ne voyez pas le potentiel d'Alexandre. S'il n'a pas son bac, il redoublera dans mon lycée. » Il m'a convoqué le lendemain : « L'année prochaine, si tu es encore avec nous, je compte sur toi. »

J'ai redoublé ma terminale dans le même lycée. Et j'ai radicalement changé d'attitude pour deux raisons. La première est que je ne voulais pas décevoir cet homme qui m'avait accordé sa confiance envers et contre tous. La deuxième raison est que je me retrouvais en classe avec une jeune fille dont j'étais amoureux et qui plus tard est devenue ma femme. Elle m'a donné envie de travailler (elle était brillante), de me démener afin d'intégrer HEC malgré mon parcours (pour rester avec elle) et, plus tard, de saisir toutes les bonnes occasions de devenir ce que je suis.

Après mon tête-à-tête avec le proviseur, je m'étais repris en main. Il me donnait une chance, j'allais la saisir.

La rencontre n'a de valeur que si tu sais t'en saisir et en faire quelque chose. La camarade de

Dany Boon ne lui avait pas proposé un rôle, elle lui avait ouvert les yeux. Exactement comme le proviseur du lycée, qui, en m'accordant sa confiance, m'avait remis sur les rails.

Je n'ai aucune idée de ce qu'aurait été ma vie si cet homme ne m'avait pas tendu la main. Certainement différente, pas forcément très positive, peut-être pas négative. J'en ai pris conscience quelques années plus tard. Et je suis allé lui dire merci.

Je l'appelais chaque année pour prendre de ses nouvelles. Jusqu'au jour où il ne m'a plus répondu. J'avais alors trouvé le numéro de son fils, qui m'a appris le décès de son père. Je lui ai dit la reconnaissance infinie que j'avais pour mon proviseur.

Dire merci est un geste simple qui ne coûte pas grand-chose, mais qui permet de rendre un peu de ce qui nous a été donné. Je sais que mon proviseur était content que je l'appelle une fois par an, il était heureux de la réussite de ses élèves. Une année, je venais de franchir un nouveau palier dans l'univers des start-up et je le lui ai annoncé. Il m'a répondu, avec un immense sourire que j'entendais au téléphone : « Je savais que j'avais raison », en référence à ce fameux conseil de classe où il avait été le seul à prendre ma défense.

La confiance accordée à l'autre est la clé de toutes mes grandes rencontres professionnelles. J'ai tendance à être confiant. Et cela, dès les premiers échanges. Je ne sais pas si j'ai un instinct particulièrement développé, mais j'ai travaillé au cours de ma vie avec des centaines de personnes, parfois pour quelques mois, parfois pendant dix ans, et j'ai très rarement été déçu. Elles m'ont permis d'atteindre mes objectifs – sans elles, je n'y serais certainement jamais arrivé. Elles s'appellent Charles-Henri, Myriam, Sam, Njara, Anne-Claire, Nicola, Sarah, Patrick, JG, Morgann, Djénane, Xavier ou encore Marina. Elles sont toutes, pour moi, la preuve que, lorsque tu sèmes ta confiance, tu la récoltes.

Je me suis lié d'amitié avec un jeune entrepreneur de la tech issu d'une banlieue française compliquée. Je préparais ce chapitre, je l'ai interrogé sur « sa » rencontre. Il lui a fallu quatre secondes pour me répondre : « Ma conseillère Pôle emploi[1] à l'époque où l'horizon était entièrement bouché devant moi. Wow ! J'ai eu de la chance d'avoir

1. Devenu France Travail à compter du 1er janvier 2024.

Régine ! » Je lui ai conseillé d'aller la remercier. Les gens ne sont pas habitués à ce qu'on leur dise merci, c'est pourtant ce qui nous donne à tous de l'allant.

J'ai eu la chance de croiser la route de ce proviseur. J'ai eu la chance aussi d'avoir une maman qui croyait en moi. Un jour, j'ai décidé de cesser de les décevoir. J'ai réalisé que c'était faisable…

À RETENIR

- La rencontre peut avoir l'effet d'une baguette magique, mais elle n'en est pas une en soi. Elle est ta chance de rebondir.
- Parfois tu ne réalises que bien plus tard l'importance qu'a eue cette rencontre pour toi. Cette importance, elle l'a acquise aussi parce que tu as su en tirer les bénéfices.
- N'oublie jamais de remercier celui ou celle qui t'a tendu la main.

Pour retrouver l'intégralité de l'interview de Dany Boon sur le podcast PAUSE, flashe ce QR code

Chapitre 3
Créer la rencontre

«Ce n'est pas la force mais la persévérance qui fait les grandes œuvres.»

Samuel Johnson

«La» rencontre dont je viens de te parler t'a placé sur une trajectoire. Elle t'a indiqué une direction. C'est un pas de géant... mais, pour avancer dans la direction que tu veux, il te reste à prendre la route.

Cette route est rarement une autoroute. Tu vas rencontrer des éboulements, des impasses, des pentes, des crevasses, et il te faudra, à un moment ou un autre, te faire aider pour la traverser. Il n'y a personne autour de toi? Ce n'est pas grave, tu vas créer la rencontre. Mais tu dois y aller, sinon tu n'arriveras pas à destination!

Tu connais Nagui ? Il avait quatre ans quand il a quitté l'Égypte avec sa famille pour se poser en France, puis au Canada, puis à nouveau en France et s'installer à Cannes. Sa famille n'avait pas un seul contact, aucun réseau. Après le bac, il a tenté une classe préparatoire pour les écoles de commerce, qu'il a abandonnée, et, pour gagner sa vie, il est devenu animateur de soirées. Pour s'occuper le reste du temps, il a lancé une toute petite radio locale, avec les moyens du bord. Il s'est pris au jeu et a commencé à rêver de faire carrière dans ce domaine.

Quelque temps après, Radio France a inauguré une antenne locale. Nagui l'a su en écoutant la radio et il s'est précipité pour envoyer une lettre de candidature, sans aucune recommandation, au culot. N'ayant pas reçu de réponse, il a cherché le numéro de téléphone dans l'annuaire et a appelé. Comme ça.

Quelqu'un a décroché. Sans perdre de temps, Nagui lui a lancé : « Je voudrais venir travailler chez vous, être animateur. » Son interlocuteur a éclaté de rire. Sans se laisser démonter, Nagui, qui travaillait alors dans une pizzeria, a déroulé son maigre CV. Coup de bol : c'était le directeur de l'antenne au bout du fil. Nagui a tellement insisté qu'il a obtenu un rendez-vous le lendemain pour un bout d'essai.

« J'ai mis un costume. Il fallait que je présente bien pour un entretien devant un directeur », me raconte-t-il. Il passe son essai, s'entend dire : « Merci, on vous rappellera », et rentre chez lui, persuadé que son aventure radio était terminée.

Deuxième coup de bol : trois jours plus tard, un animateur était viré de Radio France. Nagui, dont la tchatche avait séduit le directeur, est appelé pour le remplacer au pied levé. « Le lendemain, un dimanche, j'arrive à 15 heures pour préparer mon émission qui commençait à 20 heures. Et j'ai eu mon premier contrat, où j'ai gagné 1 200 francs par mois en travaillant tous les week-ends. »

Laisse-moi te raconter une autre histoire, celle de Noa Khamallah, qui est aujourd'hui un brillant entrepreneur de la tech – il a, entre autres, travaillé pour les entreprises Lime ou Charge.

Noa est né dans une cité du nord de la France. Abandonné par sa mère à l'âge de sept ans, il quitte l'école à seize ans, vit dans la rue, verse dans la délinquance, fait de la prison. Il part de loin, sait qu'il a de sérieux désavantages, mais vient un moment où il en a assez de la galère, assez de son statut de victime et du déterminisme social. Il se souvient de ce que lui répétait sa grand-mère : « Essaie encore. Les gens sont tellement négatifs qu'ils te diront dix fois non avant de te dire oui. » Il veut intégrer le monde de l'emploi, et il y a un truc qu'il sait faire : s'accrocher et ne pas lâcher.

C'est dans cet état d'esprit qu'il postule pour un emploi chez Nespresso, envoie son CV, rappelle une fois, deux fois, et s'entend dire : « Vous ne correspondez pas à notre attente. » Que fait-il alors ? Il rappelle le lendemain, puis le surlendemain, demande un entretien, se fait raccrocher au nez... puis prend un train pour Paris – sans payer le billet parce qu'il n'a pas un rond. Destination : le siège de Nespresso.

À l'accueil, il donne son nom, demande la personne du département des ressources humaines à qui il avait adressé son CV, qu'il avait rappelée et qui lui avait raccroché au nez. Elle déboule, furieuse. Il lui tend une boîte de chocolats : « Bonjour, je suis Noa. Je vous ai eue au téléphone ces derniers jours. J'étais dans votre magasin et je voulais vous faire un petit point sur ce que j'ai vu. » Et il lui tend une boîte de chocolats accompagnée d'une lettre manuscrite. Il se souvient : « Elle est au point d'éclater de rage. » Un homme était descendu en même temps qu'elle dans l'ascenseur. Assistant à cette scène, il éclate de rire et s'adresse à Noa : « Mais vous êtes incroyable, vous ! » La dame, brusquement gênée, demande à Noa de la suivre. L'homme leur emboîte le pas. C'était... un des directeurs. Au bout de dix minutes d'entretien, Noa décroche son premier contrat.

De ces deux histoires vraies, on peut tirer une leçon. Elles recèlent en effet tous les fondamentaux de la bonne technique pour créer « la » rencontre. Ils ne sont pas compliqués à mettre en œuvre, mais tu dois t'y tenir !

1– Définis quel est ton projet, ce que tu as envie de faire, où tu as envie d'aller. Si tu rêves d'être animateur radio, tu ne vas pas te pointer pour un emploi salarié chez Nespresso. Quel est le domaine qui te correspond ? Souhaites-tu entreprendre ? Rejoindre une grande entreprise ? Travailler dans le monde du sport, des médias, de la finance ? Détermine la direction que tu comptes prendre.

2– Ôte de ton esprit les « Je n'y arriverai pas » et les « C'est impossible ». Ils se liront sur ton visage et tu partiras perdant : effectivement, avec cette attitude, il ne se passera plus rien.

3– Agis comme un commercial. Le produit que tu vends, c'est toi, ton histoire, ton aventure, tes compétences, ton projet. Tu dois oser : personne n'ira à ta place.

4– Tu envoies un CV, c'est très bien, mais cela ne suffit pas. Tu dois relancer : par mail, par téléphone, autant de fois qu'il le faudra. En général, à la troisième relance, ton interlocuteur réagit, parce qu'il sent que tu as vraiment envie et il est tenté de t'accorder une chance. C'est ce que j'appelle « la stratégie des trois fois ». À la quatrième fois, elle ou il risque de t'avoir remisé dans ses spams.

5– Apprends à recevoir un « non ». Des « non », j'en ai reçu toute ma vie. Ça fait mal, mais ça fait partie du jeu. Après tout, si je ne faisais rien, si je ne demandais rien, je ne recevrais pas de « non ». Reste dans l'état d'esprit du commercial qui a l'habitude d'entendre des « non » : cela s'appelle la résilience. Un premier, un deuxième, un troisième « non » ne t'arrêteront pas. Tu sais que tu es sur ta voie, et que ton interlocuteur n'a pas forcément raison. Quant à ton orgueil, tu vas le mettre dans ta poche. De toute façon, dans la vie, l'orgueil est mauvais conseiller et ne mène nulle part.

6– Tu as réussi à décrocher un rendez-vous, à créer la rencontre ? Bravo ! À présent, prépare cette rencontre en amont. Soigne ta présentation et arrive en connaissance de cause : renseigne-toi à fond au sujet de la personne que tu rencontres, de l'entreprise, pose des questions, intéresse-toi à elles, crée le lien nécessaire à une vraie rencontre. Ne débarque pas « en touriste », cela se voit tout de suite et te fait perdre beaucoup de points. En réalité, tout se joue au cours des cinq premières minutes.

7– Tu sais mettre en avant tes forces, apprends aussi à utiliser tes faiblesses supposées comme des forces : être une femme, venir d'un quartier sensible, appartenir à la diversité peuvent être aujourd'hui des atouts, profites-en.

Une rencontre, même quand elle n'aboutit pas, peut être porteuse de leçons.

Tu tireras la première leçon du « non » que tu as reçu comme une gifle. Il peut être aussi un cadeau si tu l'analyses. Quels bénéfices peux-tu en tirer ? Ton interlocuteur te donnera rarement les vraies réponses, à toi de les chercher.

Avant de lancer Epic, une plateforme destinée à récolter les dons pour les orienter à 100 % vers des associations et des ONG sélectionnées selon des critères très rigoureux, j'ai prospecté dans toutes les directions, envoyé des dizaines, des centaines de mails pour affiner mon projet et pour mieux connaître cet écosystème. C'était en 2014, je n'avais jamais travaillé dans l'humanitaire, j'avais tout à apprendre.

Je me souviens d'un milliardaire australien auprès duquel j'avais réussi à décrocher un entretien téléphonique d'une demi-heure. Lui, au moins, avait fini par me répondre ! Je m'étais préparé, j'avais démarré en me présentant et en déroulant le projet. Il avait fini par m'interrompre : « Depuis vingt minutes, tu me parles de toi et de ton projet. » J'étais resté interloqué. Mais j'avais continué. Au terme de la demi-heure, il m'avait simplement dit : « J'ai un conseil pour toi. La prochaine fois, tu écoutes. »

Il n'y a jamais eu de second rendez-vous avec lui. Il m'a fallu quelques semaines pour comprendre cet échec. Avant de me fixer un rendez-vous, cet homme s'était évidemment renseigné à mon sujet.

Je ne lui avais rien appris. En revanche, je n'avais pas montré le moindre intérêt pour lui, et pourtant j'en avais. Pour mes autres rendez-vous avec d'autres éventuels donateurs, j'ai rectifié le tir en étant plus à l'écoute de l'autre. Tu connais cette expression: «Ce qui ne tue pas rend plus fort.» Applique-la aux «non» que tu reçois.

Une autre rencontre, un autre «non», m'ont carrément fait changer de voie. C'était à la même époque. Matt Bannick, alors patron d'Omidyar Network, une des plus grandes organisations philanthropiques américaines, avait accepté de me recevoir. J'avais alors pour ambition de devenir travailleur social en creusant des puits et en bâtissant des écoles pour ceux qui en ont besoin. Matt m'avait alors demandé: «Combien de personnes peuvent faire cela?» Nous étions nombreux à en être tout à fait capables, c'est vrai. Une lampe s'était allumée dans ma tête: il me fallait placer mes capacités d'entrepreneur au service d'un projet ayant encore plus d'impact.

Huit ans plus tard, Epic avait déjà changé la trajectoire de 1,5 million de personnes. En tant que travailleur social, j'aurais certes eu la chance de pouvoir aider des milliers de personnes.

Cela aurait été formidable, mais je savais que j'avais la possibilité d'en faire encore plus…

Je suis resté en contact avec Matt Bannick. Je lui envoie mes livres dédicacés, un mail de temps en temps. Et je lui dis merci. Ce n'est pas anodin : cette gratitude pour les conseils qu'il m'a prodigués me permet de continuer à avancer.

À RETENIR

- Pour avancer, tu vas littéralement marcher. Les opportunités ne viendront pas seules : tu les créeras à travers les rencontres que tu sollicites.
- Une rencontre se prépare. Ce sont toutes tes forces que tu dois exploiter, y compris celles que tu assimiles à des faiblesses.
- Tu te heurteras à des « non ». Laisse ton orgueil dans ta poche et sache en tirer des enseignements.

Pour retrouver l'intégralité de l'interview de Nagui sur le podcast PAUSE, flashe ce QR code

---

Pour retrouver l'intégralité de l'interview de Noa Khamallah sur le podcast PAUSE, flashe ce QR code

Histoire de vie I

Hélène Darroze

« Je me suis longtemps sentie illégitime »

Elle est doublement étoilée *Michelin* en France (pour son restaurant Marsan), triplement étoilée en Angleterre (avec The Connaught), elle a une étoile de plus à Villa La Coste, dans le sud de la France, elle a été élue meilleure femme chef au monde en 2015… mais Hélène Darroze ne se destinait pas à la cuisine. Bien qu'appartenant à une famille de restaurateurs (elle est la quatrième génération d'une lignée de restaurateurs et d'hôteliers), ses très bons résultats scolaires lui faisaient miroiter une vie loin des fourneaux et des casseroles.

« Au milieu des années 1980, me raconte-t-elle, l'apprentissage était une voie de garage. Par ailleurs, j'étais une femme et, à cette époque, tous les grands chefs étaient des hommes. » Elle oublie donc les fourneaux et, après le bac, s'inscrit en toute logique dans une école de commerce. Mais la cuisine est peut-être dans son ADN : elle se destine à l'hôtellerie et se retrouve en stage chez le grand chef Alain Ducasse. C'est lui qui, au bout de quelques mois, lui souffle : « Il y a une place à prendre dans ce monde de la cuisine par une femme et vous êtes capable de la prendre. »

Le conseil de celui qui est devenu son mentor a vite fait son chemin dans la tête d'Hélène Darroze, mais elle doute : « Je me suis longtemps sentie illégitime parce que je n'avais pas suivi une vraie formation académique dans une école hôtelière. Mais je connaissais ma force : je cuisine avec beaucoup d'instinct, avec des émotions plus que de la technique. C'est ce qui a fait la différence. »

La suite, c'est beaucoup de travail, beaucoup de défis, et des valeurs qui ne l'ont jamais quittée : le respect et l'authenticité, le partage et la générosité, l'humilité.

Trois mois après le démarrage de son premier restaurant, deux clients demandent à la voir. Elle commence par refuser, ils insistent, elle y va. « C'étaient les débuts, c'était quand même assez galère. J'avais préparé le poisson le matin, mon tablier était dégueulasse, mais je me suis dit : “Ils veulent me voir, ils me verront comme je suis.” Et je me retrouve nez à nez avec le directeur du *Guide Michelin*. J'ai pris ma tête dans mes mains et j'ai soupiré : “Oh merde !” Il s'est mis à rire et m'a répondu : “Ne changez rien à ce que vous faites.” »

Quelques mois plus tard, Hélène, qui a continué de suivre son instinct et de cuisiner avec ses émotions, décroche sa première étoile puis une deuxième dans la foulée.

Quelques années après, la perte d'une étoile sera un coup dur pour elle, mais aussi une leçon de vie : « Je me suis dit que j'avais été très contente d'accepter ces étoiles, et qu'il me fallait maintenant accepter qu'on me les retire et me remettre en question. » Et elle s'est remise en question.

Hélène Darroze est une femme multitâche, gérant plusieurs restaurants et s'investissant dans le domaine caritatif tout en élevant ses deux filles. Un challenge ? Pas vraiment, me confie-t-elle : « Ma vie professionnelle, c'est ma vie de famille. Et l'engagement caritatif, c'est ma vie. Tout est lié. Pour moi, rien n'est séparé, c'est un ensemble, je ne mène pas de front ces activités et c'est ainsi que je m'épanouis.»

Elle a mené de cette façon sa carrière sans culpabilité, sans peur: «Souvent, ajoute-t-elle, les femmes se mettent des barrières là où elles devraient les ouvrir. Car il est très difficilement concevable de se dire qu'on n'est pas là pour raconter la petite histoire le soir, pour donner le bain à ses enfants. C'est sûr que, dans la vie, il y a des choix à effectuer. Je dis bien des choix et pas des sacrifices, parce que, ce temps-là, on peut très facilement le rattraper à d'autres moments sans que cela déséquilibre une famille.»

Pour retrouver l'intégralité de l'interview d'Hélène Darroze sur le podcast PAUSE, flashe ce QR code

Chapitre 4

Limites… ou *VIP pass* ?

« Soyez vous-même, les autres sont déjà pris. »

Oscar Wilde

Les limites dont je vais te parler ici te sont le plus souvent imposées, le plus souvent par une société qui discrimine. Tu ne les as pas choisies, tu les subis, elles sont inhérentes à ce que tu es. Tu les vois dans les yeux des autres, qui se détournent parfois de toi. Dans les yeux de tes proches, qui te veulent du bien et qui, en toute bonne conscience, te les rappellent et te mettent en garde contre tes rêves.

Ces limites-là constituent un plafond de verre que tu finis par intégrer. Tu n'as pas le « bon » nom, le « bon » lieu de naissance, la « bonne » adresse, « le » diplôme qu'il faut, le « bon » genre,

« le » physique adéquat. Et cette liste est infinie. En réalité, tout le monde a des limites, ou du moins ce qui est perçu comme telles, même si certaines paraissent plus difficiles à assumer que d'autres.

J'ai choisi de te dire la vérité. Je ne vais donc pas y aller par quatre chemins. Effectivement, comment, à moins d'être hors-sol, ne pas reconnaître que, dans la société où nous évoluons, il est plus facile de s'appeler Alexandre Mars que Oussama Trabelsi, d'être né à Boulogne-Billancourt et non dans un quartier difficile, d'être en pleine possession de ses moyens plutôt que porteur d'un handicap ?

Il t'arrivera d'être renvoyé à tes limites, d'être confondu avec elles. Dans ces moments, un danger te guette : l'intériorisation des limites, qui deviennent alors paralysantes et transforment ta vie en impasse. Ne laisse pas ces situations, ces personnes, te bloquer !

Nathalie Boy de La Tour s'est toujours donné un principe dans la vie : « La compétence n'a pas de genre. » Passionnée de football, elle a fait comme les hommes, elle ne s'est pas posé de questions. En 2004, diplômée de l'ESLSCA et de l'ESCP Europe, elle co-fonde, en France,

Galaxy Foot, le premier salon grand public du football. En 2008, elle participe au lancement de la FondaCtion du football. Elle est l'une des très rares femmes dans un milieu masculin, mais n'y prête pas attention. En 2013, elle est la première femme à siéger au conseil d'administration de la Ligue française de football professionnel et, en 2016, elle en est élue présidente.

Le comble ? « Jusqu'à récemment, me dit-elle, je ne me considérais absolument pas comme féministe. J'ai été dans des univers professionnels durs pour les femmes et pour les hommes. Donc je n'y réfléchissais pas. Et puis les choses ont évolué. J'ai pris conscience de la charge mentale qui pèse sur les femmes, perpétuellement déchirées entre les obligations professionnelles et familiales, avec une impression de toujours mal faire. C'est cela, le fameux plafond de verre : l'incapacité des femmes à savoir "comment tout gérer". Les hommes ne se posent juste pas la question. »

Une limite, quelle qu'elle soit, n'est pas un barrage insurmontable. À moins, bien sûr, que tu choisisses de baisser les bras en partant du principe que tu n'y arriveras jamais. Dans ce cas, autant le savoir tout de suite, sois certain que tu n'iras nulle part.

L'humoriste, acteur, réalisateur, scénariste Kad Merad est né d'un père algérien, il a très tôt pris conscience de la limite qu'induisait son nom. Il a même songé à le changer pour faciliter son parcours, mais il a toujours remis cette décision à plus tard. C'est donc sous son vrai nom qu'il a été admis au cours de Jacqueline Duc.

Cette grande dame du théâtre l'a pris sous son aile et, quand il fut prêt, elle lui a confié le rôle d'Alceste dans *Le Misanthrope*, une pièce du répertoire classique que ses étudiants allaient jouer à Paris. Des producteurs assistaient à la représentation : ils cherchaient l'acteur qui pourrait incarner le roi François Ier dans un téléfilm. Cet Alceste leur a semblé parfait… jusqu'à ce qu'ils découvrent le nom de l'acteur qui tenait le rôle : Kaddour Merad. Ils ont laissé tomber.

« J'en ai été traumatisé, m'a confié Kad. Pendant une journée, je me suis pris la tête à me demander si je n'adopterais pas le nom de ma mère, Béguin, et le prénom de François. François Béguin n'aurait plus les problèmes de Kaddour Merad ! Mais j'ai eu peur de ce pseudonyme : il n'était pas moi. J'ai résisté et je pense que j'ai bien fait. On est bien d'accord : François Béguin n'aurait pas eu la carrière de Kad Merad ! » La force de Kad a été d'ôter cette limite de sa tête en l'assumant. Depuis ce jour, il a cessé d'en avoir honte.

Je ne dirais pas pour autant que ce choix est une clé universelle. À côté de Kad, il y a aussi Mohammed, que j'ai connu sur les bancs de HEC. Mohammed était très talentueux et très ambitieux. Nous nous sommes perdus de vue pendant des années, je l'avais même oublié jusqu'à ce jour où j'avais rendez-vous avec un cadre supérieur d'un grand groupe français. Comme toujours, j'avais scanné Internet en quête d'informations sur cette personne que j'allais voir, un certain Marc. Je tombe sur sa photo : ce Marc-là était bien Mohammed ! Quand nous nous sommes vus, je n'ai pas résisté à lui poser la question : pourquoi avait-il changé de prénom ? Il m'a répondu très franchement : « C'était trop dur pour trouver un bon job… »

Le seul conseil que j'ai à te donner est de rester aligné avec ce que tu ressens vraiment : tu es la seule personne à savoir ce qui est le mieux pour toi. Abattre ses cartes ou les changer ? Foncer ou contourner ? Si tu es suffisamment lucide sur ta personne, si tu analyses ta situation en toute objectivité, la réponse s'imposera d'elle-même. Même s'il est complexe, à vingt ans ou même plus tard, de pouvoir se connaître et se projeter.

Je cite souvent l'exemple d'une personne qui serait porteuse d'un handicap lourd, par exemple une jambe amputée, et qui ambitionnerait de participer aux Jeux olympiques. Sa limite est rédhibitoire pour cet objectif, mais elle est une autoroute vers les Jeux paralympiques !

Mes limites étaient d'une bien autre nature. Enfant puis jeune adolescent, je rêvais d'être champion de sport. Je voulais soulever la coupe de Roland-Garros, mais je voulais aussi être footballeur, rugbyman, athlète... Or, physiquement, je n'en étais pas capable. De plus, je me dispersais et, à vrai dire, je n'avais pas un but clairement défini. Mes limites ont ici stoppé mes ambitions de sportif. Je les ai contournées pour m'investir d'une autre manière dans le monde du sport, en soutenant activement les champions et futurs champions et en mettant à leur disposition ce que je sais faire : entreprendre et organiser. J'ai ainsi rejoint comme administrateur et ambassadeur le Comité d'organisation des Jeux olympiques et paralympiques de Paris 2024.

Passer outre ses limites est une chose, ne pas les assumer en est une autre, beaucoup plus grave, qui entraîne de l'aigreur, de la haine, qui te mettra dans une spirale d'échec que tu imputeras au monde entier sans réaliser que cette limite, tu l'as toi-même transformée en muraille infranchissable.

C'est ce qui a failli arriver à Gad Elmaleh. « Au début, m'a-t-il confié, je n'étais absolument pas convaincu de mon nom, je n'avais pas envie de m'appeler Elmaleh, de dire ce nom au téléphone et d'entendre – pas pour des raisons de racisme ou de stigmatisation, ou peut-être une fois par téléphone, mais surtout par flemme : "Comment tu écris ça ? Qu'est-ce que c'est que ce truc ?" »

Gad Elmaleh était convaincu qu'avec ce nom il ne pourrait pas réussir : « C'était mon blocage à moi. » Le « El » du début le dérangeait, le « h » de la fin l'embêtait. Résultat, me dit-il, « c'est moi qui me suis mis des bâtons dans les roues, bien plus que les autres. J'avais perdu confiance en moi ». Jusqu'à ce que son professeur de théâtre le prenne un jour entre quatre yeux et lui balance : « Je crois que tu es fou. Ton nom, c'est toi. Ton nom, c'est ton identité. Et puis, Elmaleh, c'est tellement beau ! » Joséphine Derenne, du Théâtre du Soleil, finira de le convaincre : « Elmaleh, ça raconte toute ta vie et c'est ça qui va être intéressant dans ton travail. Donc tu ne peux pas changer de nom. »

Sa limite est devenue son autoroute…

Tony Estanguet, multi-champion de canoë slalom (d'Europe, du monde, olympique), président du Comité d'organisation des Jeux olympiques et paralympiques de Paris 2024, a pris le temps de réfléchir à la relation qu'entretient chacun d'entre nous avec ses limites. « J'ai l'impression, me dit-il, que l'on a tous nos différences et nos particularités, et que les chemins de la réussite ne sont jamais identiques. Mes parents, mes entraîneurs m'ont appris que l'on n'a aucune chance de réussir si l'on se dit que l'on ne ressemble pas à ceux qui ont déjà réussi, que l'on voit à la télévision ou dans les stades. Or, quand on les regarde, on a effectivement l'impression de ne pas leur ressembler. Je crois que ce qui m'a énormément aidé, c'est d'accepter de me construire étape après étape, en exprimant mon potentiel plutôt que de vouloir imiter les autres. »

Toi aussi, ton parcours, ta vie, ton expérience t'apprendront à surmonter l'une après l'autre ce que tu considères être tes limites…

À RETENIR

- Ton nom, ton origine, ta couleur, tes handicaps : tu n'as pas inventé tes limites, elles existent vraiment.
- Une limite, quelle qu'elle soit, n'est pas un barrage insurmontable. Des exemples, il y en a partout autour de toi.
- Une seule règle pour cela : connaître ses limites et les assumer pleinement. Elles peuvent devenir ta chance.

Pour retrouver l'intégralité de l'interview de Nathalie Boy de La Tour sur le podcast PAUSE, flashe ce QR code

Pour retrouver l'intégralité de l'interview de Kad Merad sur le podcast PAUSE, flashe ce QR code

Pour retrouver l'intégralité de l'interview de Gad Elmaleh sur le podcast PAUSE, flashe ce QR code

Pour retrouver l'intégralité de l'interview de Tony Estanguet sur le podcast PAUSE, flashe ce QR code

Chapitre 5
Comment contourner ses limites

> « Plus grand est l'obstacle, et plus grande est la gloire de le surmonter. »
>
> Molière

J'anime régulièrement des ateliers sur l'entrepreneuriat dans des quartiers dits populaires, auprès de jeunes victimes de toutes sortes de limites, aussi bien sociales que culturelles ou ethniques. Ces jeunes femmes, ces jeunes hommes sont mes boosters d'énergie. J'adore les entendre me dire qu'ils sont prêts à « bouffer le monde ». J'admire leur envie de se libérer de leurs carcans et de prendre leur envol. J'essaie de leur apporter quelque chose. Eux-mêmes m'apportent beaucoup. Je crois en eux.

Elles et ils accumulent assurément les limites – un mot qui vient du latin *limes*, signifiant une lisière, une bordure, une démarcation entre deux territoires. Mais ils disposent d'une arme rare : leur histoire. Ils ont traversé des difficultés, se sont heurtés à des « non », à des murs, ils savent que ce sera plus dur pour eux, mais, par leur présence à ces conférences, ils prouvent qu'ils savent et peuvent gravir une pente, si escarpée soit-elle. Les obstacles ne les effrayent pas : ils ont déjà brisé des chaînes et ils en briseront d'autres. Traverser une bordure ne leur fait pas peur.

J'échange avec eux. J'échange aussi très souvent avec leurs aînés, des femmes et des hommes issus de tous milieux, affectés de ce que d'autres auraient considéré comme des limites (l'âge, le sexe, le physique, un handicap, une absence de diplômes…), mais qui ont déjoué les pronostics et brisé les plafonds de verre qu'on leur promettait pour devenir des patrons, des entrepreneurs, des financiers, des philanthropes. J'ai compris avec eux qu'il existe mille manières différentes de contourner les limites. J'en ai dressé une typologie que je partage ici avec toi.

1– Le premier cas de figure relève d'un état d'esprit. Certains sont en effet capables de considérer leurs limites comme de simples caractéristiques : « Je suis noir, je suis une femme, je suis trop vieux, et alors ? » Ils candidatent, ils postulent, ils entreprennent, ils savent que ce sera sans doute plus difficile pour eux, mais difficile ne signifie pas impossible. Ils me font penser aux expatriés français issus des quartiers, qui sont étonnés d'être considérés à l'étranger, à Londres, New York ou Beijing, comme des « *Frenchies* » tout à fait identiques aux autres « *Frenchies* ». L'un de ces jeunes, un cadre brillantissime, m'avait demandé une fois : « Penses-tu que ces limites n'étaient que dans ma tête ? » Honnêtement, je ne le pense pas. Mais il avait appris à les apprivoiser, à se réconcilier avec elles et, ainsi, à les dépasser.

2– Le deuxième cas, que je connais pour l'avoir moi-même vécu, consiste à trouver un chemin de traverse. Mes résultats scolaires, médiocres, ne me permettaient pas d'intégrer une bonne classe préparatoire aux écoles de commerce – je ne visais rien de moins que HEC, pour la bonne raison que Florence, qui allait plus tard devenir ma femme, s'y préparait. Mon chemin de traverse a été la faculté de Nanterre, où j'ai travaillé d'arrache-pied pour être ensuite admis à l'université Paris-Dauphine et postuler enfin, grâce à ces diplômes, à une admission dans l'école que je visais. Tu as un avantage sur moi : aujourd'hui, les voies de traverse se multiplient. Il n'est plus incongru de voir une femme ingénieure de pointe, informaticienne ou mécanicienne, d'assister à la reconversion professionnelle d'une personne de plus de cinquante ans qui, hier, était juste bonne pour le rebut. Par ailleurs, un certain nombre de grandes écoles ont suivi l'exemple de Sciences Po et renforcé leur politique de diversité. Dans les quartiers prioritaires, elles soutiennent la formation de jeunes talentueux pour les préparer à leurs concours d'entrée et déploient des dispositifs de bourses.

3– La troisième option est l'entrepreneuriat, un outil puissant pour contourner ses limites. Regarde autour de toi et compte le nombre de personnes qui se sont ainsi hissées jusqu'au plus haut niveau, comme Galo Diallo. Galo est né de parents analphabètes, émigrés du Sénégal. Au collège de Cergy-Pontoise, il est orienté vers un BEP vente, mais passe ses journées à zoner. Le déclic intervient lors d'un voyage au pays de ses parents. Là-bas, il voit des amis de ses cousins se précipiter pour rapporter les bouteilles en verre à la consigne afin non seulement de récupérer quelques pièces, mais aussi de boire le fond des bouteilles. «Cette scène m'a marqué. Je me suis pris quatre claques, me dit-il. J'ai comparé leur vécu avec notre confort, avec notre frigo toujours plein, et je me suis rendu compte qu'être en France est une opportunité. J'ai compris que je m'étais coincé dans une bulle, à me plaindre et à glander, alors que le monde est vaste et qu'il y a tant de choses à faire. Je ne voulais pas être ce banlieusard qui subit sa vie. J'ai réalisé qu'en fait je n'avais pas de limites et je pouvais tout faire. J'ai repris mes études afin d'être mieux armé pour affronter la vie. J'ai également vu que, tout comme en France, de nombreuses personnes réussissaient également au Sénégal malgré les difficultés. » Lors de son master à l'Inseec, une école de commerce parisienne, Galo a l'idée de créer l'agence Smile Conseil. Il est aujourd'hui un puissant agent d'influenceurs.

Saïd Hammouche, qui se rêvait DRH, mais s'était persuadé que ce projet était inatteignable pour lui à cause de son nom, à cause de ses origines, à cause de son quartier, a créé en 2007 Mozaïk RH, un petit cabinet de recrutement. C'était une démarche osée, de l'ordre de l'impossible, qu'il avait lancée sans aucune étude de marché. « Je n'avais pas du tout, me confie-t-il, la volonté de créer une organisation qui allait se développer à l'échelle nationale et avoir un impact aussi important. » Car Mozaïk RH a bien grandi. Aujourd'hui, les plus grandes entreprises viennent y dénicher des profils différents et des talents issus de la diversité dont elles ont de plus en plus besoin. Je me souviens encore de l'anniversaire des quinze ans de l'association, où le Tout-Paris s'était bousculé pour le fêter au siège du CESE, le Conseil économique, social et environnemental, la troisième assemblée constitutionnelle de la République française. Quelle réussite !

4– Nous sommes à un moment de l'histoire où les choses changent. Par exemple, dans la génération de mes parents, les femmes restaient souvent à la maison ou avaient des emplois subalternes. La montée du féminisme dans les années 1960 a repoussé les murs, mais le plafond de verre subsistait. En France, comme dans d'autres pays occidentaux, les législations ont pris le relais et ont permis des progrès importants bien qu'insuffisants. En 2011, la loi Copé-Zimmermann a imposé des quotas de femmes dans les conseils d'administration et de surveillance. Il existe également des quotas de personnes porteuses de handicap, ainsi qu'un encouragement à la diversité, même si, en France, celui-ci ne s'inscrit pas (encore) dans la loi. Des pionniers, des militants se sont battus dans cet objectif. Toi, quand tu auras réussi, tends la main à ceux qui sont dans la situation qui était la tienne. Ne leur tourne jamais le dos. Sois fier de toi et sers d'exemple.

Ouvre bien les yeux et cherche ! La société civile a déployé quantité d'outils qui peuvent t'aider efficacement à contourner tes limites pour atteindre un objectif qui cesse ainsi d'être de l'ordre de l'utopie. À mon échelle, j'ai lancé en 2023 le programme INFIИITE. Je suis parti d'un constat : dans les grandes écoles françaises, voie royale pour les postes de cadres supérieurs et de dirigeants, à peine 9 % des étudiants sont issus de milieux modestes ; et jusqu'à 70 % sont des enfants de cadres supérieurs. Il y a plusieurs raisons à cela : ces jeunes-là n'ont parfois même pas entendu parler de ce cursus, sinon pour s'entendre dire : « Ce n'est pas pour vous. » Ils n'ont pas été encouragés à préparer des concours qui exigent beaucoup de travail. Puis il y a une raison économique : si brillants soient-ils, ces jeunes n'ont pas les moyens de payer les scolarités élevées qui sont exigées par les grandes écoles, de se mettre en retrait de la vie active pendant leurs études et, en parallèle, les banques sont peu enclines à leur consentir des prêts, certainement parce qu'elles ne croient pas en eux – ce sont les limites de la méritocratie républicaine.

INFIИITE intervient à ce niveau en leur proposant des prêts à taux zéro, sans garant. Les bénéficiaires, tous issus de milieux populaires, sont sélectionnés sur leur excellence académique, mais aussi à travers des critères tels que la motivation, l'engagement civique et le leadership : ils sont les leaders de demain. Un financement, pouvant aller jusqu'à 45 000 euros, leur est accordé sur la durée de leurs études – peu importe s'ils les mènent dans une grande école française, à Harvard, à Oxford ou dans n'importe quel autre établissement de prestige dans le monde. Le remboursement du prêt débutera quand le jeune commencera à travailler. Mais ces remboursements s'effectueront dans une structure de fonds perpétuels, destinée à financer d'autres jeunes étudiants dans un cercle vertueux qui, à terme, concernera des milliers de talents. Autrement dit, en remboursant son prêt, le bénéficiaire finance à son tour les études d'autres jeunes dont la trajectoire de vie sera ainsi complètement changée.

Bien d'autres structures existent pour encourager nos talents. Certaines leur ouvrent les portes des grandes études, d'autres déploient leurs carnets d'adresses aux jeunes entrepreneurs,

Mozaïk RH les soutient pour intégrer le monde de l'entreprise. D'autres sont dédiées aux femmes, aux entrepreneuses, aux seniors, aux personnes ayant des besoins particuliers. Chaque jour de nouvelles initiatives apparaissent. Renseigne-toi !

À RETENIR

- N'aie pas peur des obstacles : si escarpée soit-elle, une pente peut être gravie.
- Sache que tu as, grâce à ton histoire, la capacité de rebondir.
- Ne néglige pas les outils déployés par la société civile pour te venir en aide. Ils sont efficaces, prends l'initiative d'aller vers eux.

Pour retrouver l'intégralité de l'interview de Galo Diallo sur le podcast PAUSE, flashe ce QR code

Pour retrouver l'intégralité de l'interview de Saïd Hammouche sur le podcast PAUSE, flashe ce QR code

Chapitre 6
SOS codes

> « Dans la vie, les jeux sont donnés mais avec un jeu donné, chacun peut faire une partie différente. »
>
> Goethe

Stéphane de Freitas est aujourd'hui un artiste reconnu, un réalisateur de films et de documentaires et, en même temps, un entrepreneur social.

Hier, il était un gamin d'Aubervilliers, en Seine-Saint-Denis, né de parents portugais et évoluant dans un milieu modeste. Il avait une passion, le basket, et un niveau qui lui laissait espérer un bel avenir. Dans l'objectif de passer professionnel, il avait intégré, à seize ans, un établissement privé dans une banlieue cossue où il pourrait mener de front le sport et les études.

La transplantation fut violente ! « Je me suis pris des barrières en pleine tête », m'a-t-il confié.

Avec ses codes vestimentaires et verbaux de « banlieusard », il avait en effet atterri brusquement dans un environnement très bourgeois, très select. Il en rit encore : « J'arrivais avec mon référentiel, avec mes expressions de gars de banlieue, avec mon vécu dans des écoles où tu pouvais parler aux profs du tac au tac, leur dire "laissez-moi deux secondes", "c'est galère". Et je débarquais dans une salle de classe où tu ne discutes pas avec l'enseignant, où tu lèves bien la main pour prendre la parole et tu attends qu'on te la donne, et où tu as la bonne réponse, sinon c'est l'humiliation. »

Stéphane n'avait pas les codes de ce milieu. Il était en terrain totalement inconnu. « Je l'ai compris quand, dès les premiers jours, l'enseignante de mathématiques m'a fait venir au tableau. Et là, je lui dis : "Madame, c'est chaud là, comme ça, direct. Théorème de Pythagore." Le silence s'est installé dans la salle. L'enseignante m'a regardé : "Vous avez chaud ? Prenez vos affaires et allez en salle de colle me recopier deux cents fois : 'J'aime le théorème de Pythagore, la langue française et sa grammaire.'" J'en ai été traumatisé. Je n'ai plus osé lever la main en classe pendant plusieurs semaines et, quand je le faisais, c'était avec beaucoup de nervosité et des trémolos dans la voix. J'ai aussi ressenti la honte. »

Cette limite, Stéphane a choisi de l'attaquer de front. Il devait apprendre une nouvelle langue. Qu'à cela ne tienne ! Il a pris un journal, puis un autre, a surligné les mots qui lui plaisaient, les expressions qu'il pouvait placer à l'oral et à l'écrit, comme « nonobstant » ou « toutes choses étant égales par ailleurs ». Il les a recopiés dans un carnet avec des fautes de grammaire, de syntaxe et d'orthographe, mais qu'importe ! Et il les a appris par cœur.

Il a donc travaillé dur son vocabulaire, sa rhétorique, son expression verbale et un univers s'est ouvert à lui. Il découvrait qu'il y avait d'autres choses qui lui plaisaient encore plus que le basket, notamment l'entrepreneuriat. Il a fini par intégrer l'université d'Assas puis l'Essec, une grande école de commerce parisienne. Quelques années plus tard, il lançait le programme Eloquentia, aujourd'hui le plus célèbre concours d'éloquence en français dans le monde et des formations qui touchent plus de 15 000 jeunes par an ! C'est ainsi à partir de son expérience personnelle qu'il a écrit la pédagogie *Porter sa voix* enseignant une matière qu'il a baptisé « la prise de parole éducative » et qui influence les politiques publiques sur le sujet d'oralité à l'école.

Je reviens du Kenya, où, avec l'équipe d'Epic, nous sommes allés à la rencontre d'associations locales. Nous avons passé une journée à Rongo Town, une petite bourgade dans le centre du pays. À l'heure du déjeuner, et bien que m'abstenant normalement de manger avant le soir, je me suis assis avec tout le monde, autour du plat unique qui nous avait été préparé. Nous étions loin de Nairobi, loin des grandes villes. Il n'y avait ce jour-là ni fourchettes, ni couteaux. Nous nous sommes adaptés : nous avons regardé les autres et nous les avons imités, plongeant comme eux nos mains dans ce plat unique – qui était par ailleurs délicieux. Nous nous sommes pliés à ce code. Nous aurions pu demander des couverts, mais ils auraient érigé une barrière culturelle inutile entre nous.

Il existe partout des codes que tu as tout intérêt à apprendre pour mieux évoluer dans le milieu où tu te trouves.

De la même manière, quand je me suis installé aux États-Unis, j'ai adopté les codes américains : la langue bien sûr, mais aussi ces mille détails impalpables, la manière de saluer, de se présenter, les expressions les plus utilisées. J'estime que je n'avais pas d'autre choix si je voulais être accepté, ce qui était important pour moi et pour mon business.

D'ailleurs, où que j'aille sur notre planète, avant d'atterrir, j'apprends les dix expressions ou mots les plus utiles. Mes interlocuteurs remarquent avec plaisir que j'ai réalisé cet effort qui brise les distances. Je suis de mon côté toujours ravi de voir un étranger venant en France capable de me dire quelques mots en français. L'effort est aussi important dans ce cas que le résultat.

« Les gens aiment bien se retrouver avec ceux qui leur ressemblent, ils ont peur de l'inconnu », m'avait confié Moussa Camara. Lui-même a grandi dans un quartier populaire de Cergy-Pontoise, partageant un deux-pièces avec ses parents et ses sept frères et sœurs. À l'âge de vingt et un ans, il a pris en main son avenir en créant son entreprise. En parallèle, il a lancé deux associations, Agir pour réussir et Les Déterminés. Les limites, les handicaps, il les connaît. Le point sensible aussi : le manque de réseaux, de mentors, dont il a souffert et qui aboutit souvent à un gâchis de talents et de potentiels. D'où la nécessité de passer à l'action, de tisser des liens, de créer des passerelles entre ceux qui ont les idées et ceux qui ont les moyens. C'est devenu sa mission.

Plusieurs belles organisations et entreprises ont développé le mentorat. Le principe est simple : un investisseur, un patron, un cadre, un employé, prend sous son aile un jeune et l'introduit aux codes, aux normes qui sont les clés du monde professionnel dans lequel nous évoluons.

L'association Télémaque, dirigée par Ericka Cogne, est l'une d'elles. Son principe ? Introduire le mentorat pour les jeunes des quartiers populaires à partir de la classe de cinquième et jusqu'à la terminale. Plusieurs personnes de mes équipes y participent. Une fois par mois, elles passent du temps avec les jeunes qu'elles accompagnent. Elles les invitent dans nos bureaux, ils se baladent en ville ensemble, elles les font rencontrer leur monde, les introduisent à leurs codes, à ses *soft skills* – comment saluer, comment parler, comment, en quelque sorte, devenir un caméléon. C'est le principe de la fabuleuse découverte de ce grand naturaliste qu'est Charles Darwin : les espèces qui survivent ne sont pas les plus fortes, mais celles qui ont la capacité de s'adapter.

Adopter les codes du monde dans lequel tu veux évoluer ne signifie pas renier tes particularités. Au Kenya, je restais un Blanc parmi les Noirs. Et aux États-Unis, j'ai continué d'être fier d'être Français – je n'ai d'ailleurs jamais demandé la *green card*, la carte de résident permanent.

Bien sûr, apprendre de nouveaux codes, intégrer de nouvelles normes demande un effort. Et alors ? Tu sais apprendre une nouvelle langue, tu sais t'adapter à de nouvelles applications sur ton téléphone, tu prends le temps de comprendre un nouveau réseau social, cet effort ne te semble pas surhumain. Pourquoi t'arrêter en si bon chemin ?

Mais tu peux aussi… suivre la voie tracée par le chanteur Mika. Il a décidé de partir en guerre contre les règles imposées. Il m'a livré le fond de sa pensée : « Tu n'as pas le droit de chanter à la Philharmonie si tu fais de la pop ; si tu participes à *The Voice*, tu n'as pas le droit d'écrire une tribune dans *Le Monde* : tous ces non-dits sont des sortes de règles. Mais pourquoi doit-on avoir ces règles ? À un dîner de mécénat à l'Opéra, même si tu enchaînes plusieurs Bercy et des tournées partout dans le monde, certains te traiteront avec le même snobisme que j'avais rencontré au Conservatoire. Tu te dis : on est en 2024, vous avez quoi dans votre tête ? C'est tellement daté. Il faut casser ce mur. » Mika l'a par exemple brisé en chantant sa pop pleine d'énergie au Stade de France devant plus de 80 000 personnes, avant la finale de la Coupe du monde de rugby de 2023.

Pour en faire de même, je préconise néanmoins de commencer par mettre toutes les chances de son côté… en adoptant les codes qui te mèneront au sommet.

À RETENIR

- Ne sois pas obstiné, adapte-toi.
- L'adaptation est la condition de la survie. Darwin l'a magistralement prouvé avec la théorie de l'évolution.
- Les gens aiment bien se retrouver avec ceux qui leur ressemblent. Qu'à cela ne tienne : sans te renier, adopte leurs codes.

Pour retrouver l'intégralité de l'interview de Stéphane de Freitas sur le podcast PAUSE, flashe ce QR code

Pour retrouver l'intégralité de l'interview de Moussa Camara sur le podcast PAUSE, flashe ce QR code

Pour retrouver l'intégralité de l'interview d'Ericka Cogne sur le podcast PAUSE, flashe ce QR code

Pour retrouver l'intégralité de l'interview de Mika sur le podcast PAUSE, flashe ce QR code

Chapitre 7
La blessure qui sauve

> « La plus grande gloire n'est pas de ne jamais tomber, mais de se relever à chaque chute. »
>
> Confucius

Hier soir, en rentrant chez moi, j'avais à peine ouvert la porte que mon fils Georges, cinq ans, est accouru, affolé, en me parlant d'une dispute avec son meilleur ami, qui l'avait traité de « nullos ». Ce différend, que je jugeais anodin, lui semblait très grave. En fait, il ne pensait plus qu'à cette brouille. Elle est revenue dans notre conversation jusqu'à ce que je le mette au lit. Au moment du coucher, je lui ai donné un câlin encore plus gros que d'habitude.

De l'autre côté de ce spectre, il y avait mon papa, que je n'ai jamais entendu se plaindre de sa vie entière. Pourtant, il aurait pu le faire en différentes occasions. En particulier après un AVC, à cinquante-sept ans. Il était au pic de sa carrière professionnelle. Heureusement, cette attaque ne l'a pas atteint intellectuellement, mais elle l'a diminué physiquement. Lui qui était une force de la nature, qui aimait le sport, les voyages, a dû tout arrêter du jour au lendemain, après sa sortie de trois semaines de coma. Il a alors dû composer avec une vie plus compliquée. Il l'a fait sans jamais se plaindre. Il a continué de travailler, mais en s'adaptant.

Avec une blessure, tu as deux options : la ressasser et te perdre dans la plainte – une attitude enfantine qui ne mène pas loin – ou l'utiliser comme carburant pour rebondir.

Comme tout le monde, j'ai eu des blessures. Certaines étaient dérisoires, mais, sur le moment, pour moi, elles pouvaient représenter la fin du monde. Je pense par exemple à mon redoublement de la troisième, à mon humiliation quand, à la rentrée suivante, je me suis retrouvé en classe avec les « petits », alors que mes anciens camarades semblaient se pavaner devant l'entrée du lycée, juste en face du collège. J'étais seul responsable de ce fiasco puisque je n'avais pas travaillé de toute l'année, mais mon ego avait pris une claque dont je me souviens encore.

J'ai une chance: par nature, j'ai tendance à voir le verre à moitié plein plutôt qu'à moitié vide. Le premier bénéfice du redoublement m'est très vite apparu: étant désormais plus âgé que mes camarades, je détenais une autre de sorte de leadership, ce qui n'était pas pour me déplaire. Je suis devenu délégué de classe, je le suis resté jusqu'à l'entrée à l'université, avec, en plus, le prestige d'être un « ancien », un « sachant ».

Il y a eu un deuxième bénéfice: c'est là que j'ai commencé à comprendre que j'avais des pouvoirs sur ma vie, à commencer par le pouvoir de réussir. Cette année-là, j'ai bossé dur pour rattraper mes lacunes. J'ai bossé en seconde aussi. Je suis même devenu très bon élève – jusqu'à ce que j'oublie la blessure du redoublement et que je me laisse distraire par les filles, qui me passionnaient plus que le travail. Bon, deux ans plus tard, j'échouais au bac et je redoublais la terminale. Mais, de la première blessure, j'avais tout de même conservé les clés pour aller de l'avant.

Avec ces deux redoublements dans mon bagage, je ne pouvais pas suivre Florence, mon amoureuse, dans la classe préparatoire de prestige où elle avait été admise. J'ai tout juste été accepté à la faculté de Nanterre. Mais je savais que j'avais des capacités... à condition de travailler. C'est donc ce que j'ai fait et j'ai terminé parmi les meilleurs élèves, ce qui m'a ouvert les portes d'une maîtrise à l'université Paris-Dauphine, puis de HEC.

Par définition, une blessure fait mal, personne ne le nie. Et il y a des blessures qui font bien plus mal que d'autres. Je pense au divorce de mes parents quand j'avais quatre ans. Je n'y étais pour rien, mais j'en ai bavé. Je pense évidemment à la bipolarité de mon frère adoré et à sa décision de « partir ».

Je pense à toutes ces petites et grandes blessures qui font une vie. Elles ne sont pas comparables. La trace laissée en moi par mes redoublements n'a rien à voir avec celle laissée par le départ de mon frère. Je vais te dire la vérité : certaines de ces blessures, tu ne les oublieras pas. Mais, comme dans le cas de la dispute de mon fils Georges avec son ami, si tu les acceptes, puis que tu accompagnes intelligemment leur cicatrisation, elles te laisseront plus fort.

Une blessure est comme un deuil. Elle ne se dissout pas par un coup de baguette magique, mais elle suit un cheminement.

1– Commence par reconnaître ta blessure, par la nommer. « Je suis blessé parce que j'ai échoué », « Je suis blessé parce que mon meilleur ami m'a trahi », « parce qu'on m'a traité avec mépris »...

2– Autorise-toi à avoir mal : quelques heures, quelques jours, peut-être un mois si la blessure est vraiment très profonde. Au-delà, méfie-toi : le ressassement te guette et, avec lui, la paralysie puis la nécrose et la gangrène. La blessure peut alors être fatale. Cela n'est évidemment pas vrai si tu as vécu une tragédie : il te faudra sans doute des années, et l'aide d'une thérapie, pour guérir ta blessure et te soigner.

3– Agis ! Quand tu te fais une grosse entaille, tu te lèves pour chercher du coton et un désinfectant, et tu nettoies la plaie. Panse aussi les plaies psychologiques. Quand je vais chaque année marcher sur le chemin de Compostelle, je rencontre des personnes qui, durant ce cheminement, sont en train de panser une plaie. Certaines ont besoin de prier, d'autres de courir, de partir, de réfléchir. Chacun va trouver son propre remède. Sa durée de pose est plus ou moins longue selon la profondeur de la blessure, mais aussi selon les individus : nous ne réagissons pas tous au même rythme.

Il existe un pansement universel : communiquer, parler, expliquer. Il s'agit d'une parole de partage et non de plainte, de laquelle peut percer un rayon de lumière. Parle pour que les autres comprennent que tu traverses une période difficile et ne te jugent pas. Parle, parce qu'ils peuvent te donner un conseil, t'orienter intelligemment. Cela fait du bien de montrer que nous ne sommes pas des robots et que la douleur fait partie de notre lexique. Parle, parce qu'il est important de partager sa blessure pour aider l'autre, qui a peut-être vécu la même situation et n'a pas su entreprendre ce chemin de reconstruction.

Partage quand tu commets une erreur, quand il t'arrive une mésaventure, partage aussi quand tu trouves une solution. Parfois, ce partage t'apparaîtra encore trop dur. Philippe, l'un de mes amis, a subi des attouchements sexuels lorsqu'il était enfant. Pour mille raisons qui lui appartiennent, il a enfoui ce secret : parce qu'il en a honte, parce qu'il craint d'être jugé, parce qu'il ne veut pas révéler sa blessure. L'aveu lui en est d'autant plus impossible que la douleur est forte.

Alors il traîne ce poids, refusant de considérer l'impact qu'il peut avoir sur son quotidien, sur sa vie, sur sa famille, sur la manière dont il gère les autres, sur son rapport à l'autorité. Et pourtant, s'il se délivrait de ce secret, il se ferait du bien, il ferait du bien à tous les autres, dont il délivrerait la parole.

4– Ne perds pas de vue – même si c'est difficile – que tu finiras par trouver des bénéfices à cette blessure. Il est temps pour toi de commencer à positiver pour écarter définitivement la nécrose. Mon papa était parti, il était peu présent et nous avions moins de moyens ? Oui, mais en échange j'ai grandi dans un environnement sans disputes et j'ai reçu l'amour absolu de ma maman, ce qui m'a donné une grande confiance en moi. L'un de mes meilleurs collaborateurs s'en va ? Ce sera l'occasion de réorganiser les équipes, de leur insuffler un élément nouveau qui va les nourrir et les fera grandir. Le tunnel est long, il est noir, tu commences à peine à entrevoir la lumière, mais tu as une espérance. Avance, ne t'arrête pas !

5– Aie le courage de dire : « Pas grave ! Je rebondis. » Et agis ! C'est ainsi que se concrétisent les espérances. En partant, mon frère m'avait laissé un mot : « J'espère qu'un jour tu deviendras sage. » Je n'avais jamais été indiscipliné, au contraire, j'avais toujours veillé à ne pas causer de soucis à ma maman. Mes bêtises, je les faisais dans mon coin. J'ai compris que mon frère ne me demandait pas de me « calmer », mais d'aller vers plus de sagesse. Je m'y emploie à travers chacune de mes initiatives, chacune de mes prises de parole, chacune de mes décisions. Il a changé ma vie à jamais. Son départ a été la plus grande blessure de ma vie, mais je le remercie infiniment de m'avoir ouvert cette porte.

Alain Ducasse, jeune chef prodige, avait vingt-sept ans quand, se rendant en avion de Saint-Tropez à Courchevel pour visiter le chantier de son nouveau restaurant, le Byblos des neiges, l'avion percuta une montagne que les conditions météorologiques avaient rendue invisible. Bilan : quatre morts (tous les autres passagers, ses collaborateurs) et un seul survivant (lui). « J'y pense tous les jours, me confie-t-il. Mais j'ai choisi de faire bon usage de cet accident. Non pas d'oublier, mais de décider que ce n'est plus une perturbation. Ce qui est passé est passé, ce qui est devant est devant. Tout ce qui est derrière moi, depuis ce jour, ne m'intéresse pas. Ce qui m'intéresse, c'est ce que je vais faire demain. Je ne conjugue pas au passé, ni dans ma vie personnelle, ni dans ma vie professionnelle. Demain sera toujours mieux… »

À RETENIR

- Soit tu ressasses éternellement ta blessure et c'est la fin, soit tu l'utilises comme carburant pour avancer.
- Il ne s'agit pas de nier la douleur, au contraire. Accorde-toi le temps de la ressentir, de la vivre… mais ne t'attarde pas trop sur ce chemin.
- Le propre d'une blessure est qu'elle peut te permettre de rebondir. Mais comme un deuil, pour cicatriser, elle obéit à un protocole.

Pour retrouver l'intégralité de l'interview d'Alain Ducasse sur le podcast PAUSE, flashe ce QR code

Chapitre 8

Qu'as-tu fait de ta blessure?

> « Nous ne sommes nous-mêmes que la somme de nos échecs. »
>
> Emil Cioran

Tu te demandes peut-être si je ne suis pas en train de te dire n'importe quoi, en confondant les égratignures et les grandes plaies.

Je vais te répondre en te racontant trois histoires vraies. Des histoires où la blessure est si profonde, où elle a tellement peu de chances de cicatriser, que le rebond qui la suit est d'une puissance inouïe. Trois histoires qui confirment la règle selon laquelle plus la blessure t'a atteint, plus ta trajectoire de vie peut dévier pour le meilleur. À la seule condition que tu en décides ainsi et que tu entres dans l'action.

Le basketteur devenu slameur

Fabien Marsaud a grandi en Seine-Saint-Denis auprès de sa mère, bibliothécaire, et de son père, haut fonctionnaire. Sa passion ? Le basket-ball. Adolescent, il fait partie de l'équipe d'Aubervilliers, joue en niveau National 3, rêve de devenir champion – il en a d'ailleurs tous les atouts.

Sa vie bascule le 16 juillet 1997. Deux semaines avant son vingtième anniversaire, dans le cadre d'une colonie de vacances qu'il anime, il plonge dans une piscine. Le niveau d'eau est trop bas, il chute violemment, sa colonne vertébrale se brise. Le verdict des médecins est violent : Fabien restera paralysé à vie, condamné à la chaise roulante.

Il passe un an dans un centre de rééducation, se bat comme un forcené et retrouve plus ou moins l'usage de ses jambes – il réussit en tout cas à se remettre debout. Il se reconstruit peu à peu et, parce qu'il faut bien travailler pour manger, trouve un boulot dans le marketing sportif au Stade de France.

En 2003, Fabien a vingt-six ans. Se déplaçant à béquilles, il accompagne un pote dans un petit bar où il y a une soirée slam. « Je prends une claque, me dit-il. Je vois des hommes, des femmes, des vieux, des jeunes, tous talentueux et se revendiquant poètes avec des textes drôles, durs, touchants. Je ne savais pas qu'on pouvait se dire poète en étant en jeans et baskets dans un bar ! Je n'envisageais pas non plus de devenir artiste, mais le slam m'est tombé dessus. Je suis revenu le mois suivant avec deux textes que j'avais écrits. J'ai recommencé le mois d'après. J'étais bien accueilli, je me suis inscrit auprès de l'animateur des slameurs pour persévérer dans cette voie. Il m'a demandé mon nom de scène. Je n'en avais pas, mais, en regardant mes béquilles, un nom m'est venu tout de suite à l'esprit : Grand Corps Malade. »

Grand Corps Malade est aujourd'hui une star. Il slame et il a percé au cinéma dès son premier film, *Patients*, dédié au centre de rééducation au sein duquel il a passé un an. Comment a-t-il fait pour rebondir à la suite de sa blessure ? Sa réponse est cash : « J'ai eu la "chance" de me remettre debout. Des tournées artistiques dans le monde entier auraient été plus compliquées si j'étais resté tétraplégique. Puis il y a évidemment cette fameuse résilience, la capacité de pouvoir faire émerger du positif à partir d'une énorme difficulté, d'un énorme traumatisme, et à changer ainsi le cours de sa vie. On me dit : “Tu as eu du courage.” Ce n’était qu’un instinct de survie. Il me fallait tout donner pour essayer de sauver ce qui pouvait l’être et changer de projet de vie. »

Et il poursuit : « Un album que j’ai sorti en 2017 s’appelle *Plan B*. C’est un hymne à la capacité d’adaptation de l’être humain. Pourquoi un aveugle développe-t-il son ouïe, son sens du toucher ? Parce que l’être humain est toujours en train de s’adapter. J’étais physiquement très, très diminué. Cette faiblesse est devenue une force mentale pour essayer d’aller chercher et gagner autre chose… »

Je connais bien Fabien et je l’apprécie énormément. Je l’ai observé ces dernières années dans sa manière de traiter les autres. Malgré son succès, il sait dire *merci* et démontre une amitié constante et forte auprès de ceux qui ont été à ses côtés depuis ses débuts. Il a conservé ses valeurs, ses amis, la même équipe. Le couple qu’il forme avec Julia est toujours aussi soudé. Il est aligné par rapport à ce qu’il dit, à ce qu’il est réellement.

L’entrepreneur devenu militant

Olivier Goy a un parcours privilégié. Né en Haute-Savoie d’un père chef d’entreprise et d’une mère commerçante, diplômé de l'EM Strasbourg puis de HEC Montréal, il a une belle carrière professionnelle et devient un entrepreneur talentueux quand, en décembre 2020, les médecins lui annoncent qu'il est atteint de la maladie de Charcot. Il lui reste entre trois à cinq ans à vivre, ou plutôt à survivre, puisqu'une paralysie va, petit à petit, gagner son corps entier, jusqu'à ses organes.

« Quand ton médecin te fait cette annonce, tu t'effondres. J'ai marché dans l'hôpital, parce qu'à l'époque je marchais encore, et j'ai pleuré tout ce que je pouvais pleurer. Je n'arrivais même pas à appeler ma femme tellement je pleurais. Pendant trois mois, je suis resté abattu, me confie-t-il. Puis, bizarrement, un matin de mars 2021, je me suis réveillé en me disant : "Il est hors de question de me laisser punir deux fois. Maintenant, c'est terminé. Je vais profiter de ma vie, elle est belle. Et la maladie, je l'emmerde." »

Olivier ne peut pas lutter contre cette maladie : il n'existe aucun traitement pour la guérir, ni même pour retarder son avancement. En revanche, il choisit deux combats qu'il mène de front. Un premier pour défendre la place des handicapés dans la société. Et un second pour aider au financement de la recherche scientifique. « Pour moi, la messe était dite. Quoi que je fasse, je ne serais pas sauvé. Mais ma mission était d'aider les autres. »

De plus en plus prisonnier de son corps, il a néanmoins réussi à soulever des montagnes. Ainsi, lui-même avait des réseaux et, au bout d'un an de démarches, il a réussi à se procurer (en Suisse !) un traitement aidant légèrement. Il s'est battu pour que les autres malades en bénéficient également, il a rencontré de hauts responsables, jusqu'au président de la République, pour leur ouvrir les yeux, leur raconter les difficultés d'accès aux soins, aux remboursements, aux aides vitales.

Il a même réalisé un film, *Invincible été*, qu'il voit comme « un héritage, un message » pour porter sa parole encore plus loin. Poussé par ce message exceptionnel, le film a su trouver son public et a été diffusé partout, en France mais aussi à l'étranger.

Comment fait-il ? Je lui ai posé la question et il m'a répondu avec un grand sourire : « Je ne peux plus bouger, je peine à respirer, je sais que je mourrai probablement par étouffement. Mais la bonne nouvelle est que le cerveau fonctionne parfaitement. Tant que je peux agir, je le ferai. » Sans se poser d'autres questions…

La pompière devenue championne paralympique

Depuis toute petite, dans son Loir-et-Cher natal, Marie-Amélie Le Fur se rêvait officier chez les pompiers. Passionnée d'athlétisme, et surtout de course, elle avait rejoint, à douze ans, l'équipe des jeunes sapeurs-pompiers de sa région. Et elle était douée !

Le 31 mars 2004, elle a alors quinze ans, tout bascule en quelques secondes : en route pour un entraînement, elle est percutée par une voiture, transportée à l'hôpital, amputée de la jambe gauche. « C'est, me dit-elle, l'effondrement immédiat de tous mes projets, de tout mon investissement, de tout ce qui est le fondement de ma vie : le sport et les pompiers. »

Curieusement, aussitôt amputée, alors que la rééducation va peut-être lui réapprendre à marcher un peu, Marie-Amélie Le Fur exprime son envie… de recommencer à courir. « Verbaliser cette envie a permis d'engager tous mes proches, toute ma famille dans un objectif, dans un projet, de nous placer sur un élan dynamique. Et puis, d'accepter petit à petit la situation. Ce que j'ai surtout compris, c'est que ce n'est pas ce handicap qui allait gâcher ma vie et celle de mon entourage, mais la manière dont j'allais l'accepter ou pas. Il fallait donc que je décide de me battre parce que je n'avais pas envie d'être responsable d'un second désastre. »

Marie-Amélie Le Fur reconnaît qu'elle s'est d'abord battue pour ses proches, et avec eux. « Le sport a toujours été mon moteur, j'en ai besoin pour savoir où je vais, et c'est grâce à lui que je me suis fixé des objectifs pour me reconstruire. »

En 2005, Marie-Amélie Le Fur participe à sa première compétition handisport lors du cross national des sapeurs-pompiers. Elle est aujourd'hui, avec neuf médailles, la plus grande championne de l'histoire de France aux Jeux paralympiques (à Pékin en 2008, à Londres en 2012, à Rio de Janeiro en 2016, et à Tokyo en 2021). Son palmarès est complété par douze médailles mondiales, dont quatre titres de championne. En 2018, elle a été élue présidente du Comité paralympique et sportif français.

À RETENIR

- Pour qu'une blessure ait la faculté de te servir de moteur, il te faut d'abord accepter qu'elle existe, qu'elle est là. Olivier Goy aurait pu dissimuler sa maladie pendant quelques mois, il a rapidement pris l'option de la transparence, vis-à-vis de lui-même et des autres.
- Après ce temps de l'acceptation vient le temps de l'action. Que vas-tu faire de cette blessure ?
- Ce n'est pas la blessure qui sauve, mais le rebond qu'elle rend possible.

Pour retrouver l'intégralité de l'interview de Grand Corps Malade sur le podcast PAUSE, flashe ce QR code

Pour retrouver l'intégralité de l'interview d'Olivier Goy sur le podcast PAUSE, flashe ce QR code

Pour retrouver l'intégralité de l'interview de Marie-Amélie Le Fur sur le podcast PAUSE, flashe ce QR code

Histoire de vie II

Mike Horn

« Crois en ce que tu peux faire ! »

Son métier ? Explorateur ! Il a gravi des sommets de plus de 8 000 mètres, traversé l'Amérique du Sud à pied, parcouru le pôle Nord, effectué le tour du monde par l'équateur avec, à chaque fois, des exploits toujours plus impressionnants.

Mike Horn n'a peur de rien. Ou plutôt, comme il le dit si joliment, « la peur devient ma maison, je ne peux plus vivre sans elle. Elle se montre quand je dois prendre très vite une décision, j'ai alors besoin d'elle autour de moi ». Enfant, dans son Afrique du Sud natale, n'entendait-il pas son père, directeur d'école après une carrière dans le rugby, lui répéter : « Si tes rêves ne te font pas peur, c'est qu'ils ne sont pas assez grands » ? Avec regret, il constate un fait : « Les gens ont peur d'avoir peur... »

Il résume sa philosophie de vie en une image : « Tu peux marcher tout près de la falaise, mais si tu commets une erreur, tu risques de tomber.

Tu peux aussi marcher loin de la falaise et là, si tu commets quelques erreurs, tu as moins de peurs. C'est plus confortable, mais je ne veux pas vivre loin de la falaise. À son sommet, j'y ai une belle vue et je profite de chaque seconde, de chaque opportunité de développer mes sens. »

Il y a une deuxième leçon que son père, qu'il admirait tant, lui avait donnée à l'âge de huit ans: « Tu ne peux pas être comme moi, tu es plus grand que moi. Ne te limite pas à ce que je fais dans la vie. Vas-y! Tout ce que tu dois faire, c'est croire en ce que tu peux faire. » C'était l'époque où tous les matins, quand son père allait faire son footing à 6 heures, Mike sortait de sa chambre pour aller courir avec lui. « Mais il n'a jamais couru moins vite pour que je puisse rester avec lui. Quand je ne pouvais plus continuer, je ramassais une pierre et je mettais une marque sur le trottoir en me disant: "Aujourd'hui, je suis resté avec lui jusqu'à ce point-là. Demain, j'essayerai d'aller plus loin." » Bien plus tard, son père lui révélera qu'il courait... pour lui, son fils: « J'avais un seul truc en tête, c'est que tu franchisses tes marques chaque matin. »

À dix-huit ans, Mike s'engage dans les forces spéciales et va se battre en Angola. Après la mort de son père, il quitte l'armée et se lance dans le commerce des fruits et légumes aux côtés de son oncle, fait grandir l'entreprise, gagne très bien sa vie, au point de n'avoir même plus besoin de travailler, réalise qu'il vit dans un ennui profond : il lui manque un challenge pour avancer.

Il prend alors une décision incroyable : il fait don de tout ce qu'il a, réserve une place sur le premier avion qui se présente, atterrit à Zurich avec 50 dollars en poche. « Là, j'ai ressenti, pour la première fois depuis longtemps, cette sensation d'équilibre que j'éprouvais quand je partais, gamin, avec mon vélo. » En Suisse, il sera tour à tour fermier, moniteur de ski, garde-rivière, barman, vendangeur et surtout bûcheron, son expérience préférée : « Tu pars le matin avec ta tronçonneuse et ton chien, tu passes toute la journée en forêt, tu es épuisé à la fin de la journée. En plus, c'est un métier risqué, où tu dois calculer ce qui se passe autour de toi. Je voulais vivre comme les gens les plus pauvres et avoir leur capacité de survie, mais vivre aussi comme les plus riches, avec leur capacité à développer des choses... »

Mais... comment devient-on explorateur quand on est bûcheron ? C'est sur un lit d'hôpital où il est cloué après un accident de parapente que

Mike Horn décide d'emprunter cette voie, mais pas n'importe comment : sur le mode « exploits ». La raison en est simple, du moins à ses yeux : « Je sais depuis toujours que, si j'en fais un peu plus que les autres, c'est moi qui ai l'avantage. »

Depuis, il accumule les exploits : la descente du glacier du Mont-Blanc à bodyboard, une cascade de 22 mètres sautée en hydrospeed au Costa Rica, une ascension à 8 000 mètres sans oxygène, et la liste est encore très, très longue. De la folie, pourrait-on dire. Il est plus mesuré : « Ce que j'ai fait était risqué, excitant, mais, dans le feu de l'action, je n'ai jamais pensé que je pouvais perdre la vie, je pensais à comment rester en vie. »

Aujourd'hui, c'est au tour de Mike Horn de donner une leçon de vie à ses deux filles. Il la résume à sa manière, en images : « Quand tu oses sortir la tête pour faire quelque chose de différent, tu es plus grand. Non pas parce que tu veux devenir plus grand, mais parce que ta vision est plus large et tu choisis alors de continuer à sortir ta tête, de grandir. Une fois que vous avez des racines, poussez ! »

Pour retrouver l'intégralité de l'interview de Mike Horn sur le podcast PAUSE, flashe ce QR code

Chapitre 9
Cueillir des pâquerettes

> « Tous les hommes pensent que le bonheur se trouve au sommet de la montagne, alors qu'il réside dans la façon de la gravir. »
>
> Confucius

Dès que tu exerces des responsabilités, une charge mentale les accompagne : tu as peut-être des enfants, un travail exigeant, des parents qui comptent sur toi. Cette charge est plus ou moins élevée selon les situations, elle peut doubler, tripler, quadrupler en certaines périodes de la vie avec les aléas que tu croiseras forcément sur ta route, les projets dans lesquels tu t'engageras ou avec les obligations que tu endosses.

L'une de mes amies a une charge mentale mille fois trop lourde : elle doit veiller à tout instant sur son fils addict aux médicaments et aux tendances suicidaires. Une autre amie s'occupe sans relâche de sa mère, qui a développé la maladie d'Alzheimer. Et, de manière générale, tous les entrepreneurs que je croise portent leur entreprise comme un enfant qui aurait besoin d'eux à chaque instant.

La charge mentale, tu l'auras compris, c'est tout le temps. Ne crois pas que tu pourras t'en débarrasser tant que tu as des responsabilités. En revanche, tu peux apprendre à vivre avec elle.

D'expérience, je peux te confier que la seule méthode qui a démontré son efficacité est d'apprendre à apprécier les petites victoires comme si elles étaient de grands triomphes, les minuscules bonheurs comme s'ils avaient un avant-goût de paradis. J'irai encore plus loin : la moindre journée sans emmerdes, sans pleurs, sans tensions mérite d'être savourée, pleinement goûtée, qualifiée de « bonne journée ».

Il n'y a pas si longtemps, j'ai souffert d'une hernie discale. J'ai vécu dans la douleur jusqu'à ce que je sois opéré. Pendant cette année, je n'ai pas connu une seule minute sans avoir mal. Mais il y a des moments où la douleur était moins forte. Les premières semaines, enlisé sous la charge mentale que représentait désormais mon dos, je n'y prêtais presque pas attention. Jusqu'à ce jour où, pendant presque une heure, la douleur a quasiment disparu. J'étais seul et je souriais. J'étais heureux de ne plus avoir à penser à mon dos. Poser ce fardeau à terre m'a procuré du bonheur.

À partir de ce moment, j'ai décidé de profiter de chaque instant où la douleur, donc la charge mentale, diminuait. Ils étaient autant de petites victoires, des pâquerettes que je cueillais sur mon chemin à la sortie de l'hiver.

N'attends pas les grandes victoires pour t'autoriser à te réjouir. Elles adviennent, mais elles sont plus rares. Les pâquerettes dont je te parle sont partout autour de toi. Elles ne sont pas anodines, au contraire ! Accorde-leur toute la valeur qu'elles méritent. À force de les voir, tu apprendras à les repérer d'autant mieux, voire à les faire pousser.

Depuis que Nicolas Ferrand a appris à cultiver ses « pâquerettes », elles sont partout autour de lui ! Voilà un homme qui était destiné aux plus hautes fonctions. Fils d'un prof de maths et d'une bibliothécaire, né à Paris, il avait, pour ses études, emprunté la voie royale : Polytechnique, Ponts et Chaussées, puis le MIT aux États-Unis. Ingénieur exceptionnel, il décide de revenir en France pour devenir haut fonctionnaire, en poste dans des villes de province. J'étais intrigué par ce parcours, je lui ai posé la question.

« J'ai choisi ces lieux en fonction du tissu associatif et des institutions qui y sont implantées, puis des IME, les instituts médico-éducatifs, dont tous les territoires ne sont pas dotés. Ma fille aînée, Capucine, est en effet atteinte de trisomie 21. Nous ne voulions pas qu'elle reste seule à la maison avec un auxiliaire de vie, mais qu'elle grandisse avec d'autres enfants puis adolescents de son âge. D'où Saint-Étienne, d'où Rennes, d'où les autres villes pour lesquelles je postulais. »

Nicolas Ferrand me dit d'emblée qu'il n'aime « ni la compassion, ni le misérabilisme ». Sa famille, très soudée, a appris à vivre au fil du temps avec les qualités et les défauts de chacun de ses membres. À en tirer le meilleur parti. « Capucine sait lire et a plus de mal à compter. Je passe du temps avec elle à faire de la cuisine, du jardinage, à lire, et puis j'ai d'autres activités avec mes deux autres ados. Au quotidien, on se prend souvent sur la tête une petite goutte d'acide : à cause d'une remarque dans la rue, de lourdeurs administratives, parce que nous perdons Capucine dans le supermarché. Mais il y a aussi les petites joies, par exemple quand Capucine va acheter seule la baguette de pain et sait revenir à la maison. Nous sommes en permanence en train de balancer entre les difficultés et le bonheur. Ils coexistent et créent une espèce de joie profonde. Nous sommes une famille heureuse et la singularité de Capucine y participe certainement. »

Quelle que soit ta charge, fais en sorte de cueillir régulièrement ces petits instants, ces minuscules projets, ces coins de ciel bleu qui sont des choses toutes simples : une partie de foot, un film sur grand écran si tu es fan de cinéma, un dîner avec des amis…

Plante tes pâquerettes s'il le faut, puis va les cueillir. C'est ainsi que tu finiras par en trouver spontanément des dizaines tout autour de toi.

Et puis, parfois, autorise-toi des parenthèses égoïstes. Elles sont nécessaires pour retrouver ton équilibre, ton alignement. Une fois par an, je lâche tout et je pars marcher avec mes deux meilleurs amis. J'ai besoin de cette coupure qui n'appartient qu'à moi, de cette respiration dont je reviens en sachant mieux ce que je veux faire, où je veux aller, et comment je pourrais continuer à me mettre au service des autres de la manière la plus efficace…

À RETENIR

- Dès que tu es en situation de responsabilité (familiale, personnelle…), tu as une charge mentale plus ou moins lourde à assumer.
- Cette charge t'accompagne sur la durée. Pour pouvoir continuer à la porter, tu dois savoir, de temps en temps, t'en délester.
- Les pâquerettes sont les petites victoires du quotidien, de minuscules coins de ciel bleu que tu dois apprendre à savourer.

Pour retrouver l'intégralité de l'interview de Nicolas Ferrand sur le podcast PAUSE, flashe ce QR code

Chapitre 10
Échecs : la règle du jeu

> « Je n'échoue jamais : soit j'apprends, soit je gagne. »
>
> Nelson Mandela

« Je n'échoue jamais : soit j'apprends, soit je gagne. »

Depuis que je l'ai entendue, cette phrase de Nelson Mandela est devenue un leitmotiv. Je l'ai appliquée rétroactivement à tout ce que j'avais déjà vécu : elle ne se dément jamais.

« Échec » est un mot-valise, c'est-à-dire un concept flou dans lequel nous rangeons toutes sortes d'événements, des plus insignifiants (« J'ai échoué à fixer mon étagère ») aux plus marquants (l'échec d'un mariage, d'une entreprise, d'une direction de vie...). Ils ont un point commun : ils secouent ton ego. Sur le coup, le sentiment est désagréable.

Un échec est douloureux, vexant, angoissant. Bien sûr, j'aurais préféré fixer mon étagère comme un pro (ou comme sur le tutoriel que j'ai vu), réussir mon mariage comme dans les romans qui finissent bien, et voir mon entreprise devenir une licorne. Si ce n'est pas le cas, que fait-on ?

1– Autorise-toi d'abord à dire « aïe » : ce n'est pas honteux, c'est humain. Il est normal d'avoir mal. Mais si tu passes des semaines, des mois, des années à dire encore « aïe », tu cesses d'être dans l'expression de ta douleur et tu entres dans la spirale négative du ressassement. Les mêmes idées noires tournent en boucle dans ta tête. Tu t'installes de toi-même dans une impasse dont, si tu n'y prends pas garde, il pourrait t'être ensuite difficile, voire impossible, de t'extraire. Un échec est un événement ponctuel et, si désagréable soit-il, il finit par appartenir au passé.

N'attends pas trop longtemps avant de passer à la deuxième étape, celle de l'analyse. Ton ego va peut-être en prendre un deuxième coup, mais cette étape est indispensable. Tu as une seule question à te poser : « En quoi n'ai-je pas été suffisamment performant ? » Cela exige que tu joues le jeu de la transparence, que tu abattes toutes tes cartes sur la table, que tu t'avoues tes faiblesses, que tu déconstruises la fausse image de toi à laquelle tu avais fini par croire. Que tu cesses de te raconter des histoires.

En ce qui me concerne, quand j'ai redoublé une première, puis une deuxième fois, j'en ai eu honte, mais j'en connaissais la raison : mon manque flagrant de travail. Dans les deux cas, j'avais passé l'année scolaire en dilettante, n'ouvrant pas un livre et m'occupant de bien d'autres choses. Je ne pouvais donc pas imputer ces redoublements au « pas de chance » ou à des professeurs qui ne m'aimaient pas : j'en étais responsable. Et toi, sais-tu juger quelle est ta part de responsabilité dans un échec ? Il ne s'agit pas, j'insiste sur ce point, de te culpabiliser, mais uniquement de te donner les moyens de tirer une leçon de cet échec pour qu'il ne se reproduise pas, ou pour qu'il ait moins de chances de se reproduire.

2– Assume ton échec au lieu de le dévaloriser. Tu en as honte et je te comprends. J'ai été dans ta situation, imprégné, comme toi, d'une culture d'excellence qui interprète tout déraillement comme un drame. Je l'ai été au point d'occulter de ma mémoire mes deux redoublements, de les oublier. Je craignais d'être un mauvais exemple pour mes enfants, je ne voulais pas que cette histoire, s'ils venaient à l'apprendre, les démotive et freine leur progression à l'école.

Mes redoublements me sont revenus à l'esprit quand j'ai écrit mon premier livre, *La Révolution du partage*. Quand je me suis replongé dans le vécu de ces associations, de ces femmes, de ces jeunes soutenus au travers d'Epic, une ONG que j'ai fondée pour les aider à rebondir. J'ai soudainement réalisé que mes redoublements étaient dérisoires, qu'ils n'étaient même pas un sujet.

Quand tu regardes ton passé, tu constates *a posteriori* que certains échecs ont été une chance. Ne perds pas de temps : considère tout de suite l'échec que tu es en train de vivre comme une bonne nouvelle que tu n'as pas à cacher. Me libérer de ce qui était mon secret a été un soulagement. Je l'ai même transformé en jeu pour aider les autres à dédramatiser à leur tour leurs échecs.

Quand je donne mes masterclass consacrées à l'entrepreneuriat, j'aborde désormais toujours cette question, sujet sensible entre tous. Je commence par demander à l'assemblée : « Qui a redoublé une classe ? » Beaucoup de mains se lèvent, pas la mienne. Puis je demande qui a redoublé deux classes. Quelques rares mains se lèvent. Je lève la mienne aussi : « Nous sommes pareils ! » Je rappelle alors que j'ai quand même réussi ma vie professionnelle, bien que j'aie utilisé des voies différentes et recouru à des admissions parallèles, donc à des contournements. Et qu'à l'arrivée j'ai intégré HEC, la plus prestigieuse des écoles de commerce.

Comprends bien qu'un échec n'est pas la fin du monde, mais le début d'un nouveau. Si tu sais t'y prendre, bien entendu.

Ma maman ne l'avait pas compris. Mes parents ont divorcé quand mon frère et moi étions de tout jeunes enfants. Maman avait toujours cru au prince charmant et, quand ce prince est parti refaire sa vie, elle a estimé qu'elle venait de connaître un échec absolu – ce 1 % d'échecs qui sont mortels dans le sens où ils mettent un coup d'arrêt définitif à la réussite de ta vie. Quarante ans plus tard, elle n'a pas refait sa vie et se considère toujours en échec sur le plan sentimental. J'ai vécu auprès d'une maman débordante d'amour, à l'abri des disputes qui auraient émaillé le quotidien si mes parents, qui n'étaient peut-être pas faits l'un pour l'autre, ne s'étaient pas séparés.

Tout le monde connaît des échecs dans sa vie, que ce soit pendant ses études, au niveau professionnel, au niveau familial, au niveau sentimental... Tout le monde, y compris ceux qui te font croire qu'ils réussissent tout et toujours. Menteurs!

Ce qui est vrai, c'est que certains connaissent l'échec bien plus souvent que d'autres. Je l'ai déjà mentionné, je ne calcule plus le nombre de fois où l'on m'a dit «non», où des portes se sont fermées devant moi, où j'ai pris des claques. Sache-le: ce n'est pas une question de chance, de karma, de destin.

Ceux qui échouent souvent sont les «faiseurs». Ce sont ceux qui tentent, qui agissent, qui entreprennent. Tant que tu restes dans les gradins à observer un match et à le commenter, il ne se passera rien pour toi. Quand tu descends sur la pelouse, c'est une autre affaire. Tu peux réussir, briller, tu peux aussi commettre une erreur et même avoir un carton rouge comme Zidane, la star absolue, exclu du terrain pour son coup de tête à Materazzi, à la 105e minute de la finale de la Coupe du monde de 2006. Privée de son meneur, la France perdit le titre face à l'Italie. Zidane, lui, fut montré du doigt et conspué: il avait non seulement échoué à se maîtriser, mais il avait en plus fait perdre son équipe. Et alors?

Si tu n'es pas prêt à affronter l'échec, reste dans les gradins : sur la pelouse, on a continuellement de mauvaises surprises, des galères, petites ou grandes, mais, en échange, on a aussi des succès, des joies, de la vie.

Sarah Ourahmoune est tombée mille fois et s'est relevée mille fois. Elle est la boxeuse française la plus médaillée : dix fois championne de France, triple championne européenne, championne du monde 2008, vice-championne olympique aux Jeux de Rio en 2016, l'année où elle a raccroché ses gants. Elle a un autre record à son actif : 265 combats.

Elle a connu aussi des échecs : trente-cinq défaites. « Certaines, me dit-elle, m'ont presque mis un petit coup de pied aux fesses pour pouvoir y retourner plus forte. J'en ai mérité d'autres : l'adversaire était bien meilleure. Quelques-unes m'ont donné envie de reprendre tout de suite l'entraînement : j'avais perdu parce que je n'avais pas pris le combat au sérieux. [...] J'ai reçu de grosses claques, mais la défaite qui m'a le plus marquée était lors de qualifications en 2012. Je m'étais préparée pendant des années, j'avais huit minutes pour agir, mais, pendant ces huit minutes, je me suis presque regardée sans rien faire et j'ai laissé filer la victoire.

Après ce combat, j'ai pensé arrêter ma carrière, ne plus remonter sur un ring. Pourtant, cet échec m'a donné envie de repartir, et de repartir différemment. Je me suis remise en question et j'ai compris que je n'avais pas tout réglé, qu'il me restait des points à travailler, à explorer, surtout au niveau mental. » En 2016, lors des Jeux olympiques de Rio, elle devint vice-championne olympique. Comme toujours, Sarah s'était relevée parce qu'elle était tombée…

À RETENIR

- L'échec n'est pas une défaite, il est une école de vie.
- Ne ressasse pas : analyse, comprends, apprends… et relève-toi.
- Lorsque tu tentes, tu agis, tu entreprends, tu prends fatalement le risque d'échouer. Mais la réussite est à ce prix.

Pour retrouver l'intégralité de l'interview de Sarah Ourahmoune sur le podcast PAUSE, flashe ce QR code

Chapitre 11

Les chanceux n'existent pas

> « La chance ne sourit qu'aux esprits bien préparés. »
>
> Louis Pasteur

Rémy Buisine est né dans un petit village du nord de la France. Son père était ouvrier, sa mère femme au foyer. L'école n'était pas son fort : en cinquième, il est orienté vers une filière agricole, apprend à tondre les pelouses, à planter des fleurs : des activités bien éloignées de son aspiration à devenir journaliste. « C'est comme si je voulais devenir pilote de Formule 1, un rêve totalement inaccessible. » Lui-même en riait.

Finalement, un BEP « vente » en poche, il devient auto-entrepreneur à dix-neuf ans : il assure, avec son frère, la communication de clubs et de joueurs de foot de sa région, située loin de tout centre de décision. Puis il déménage à Paris pour s'occuper de la présence de trois stations de radio sur les réseaux sociaux.

Mais il reste journaliste dans l'âme. À l'aide de l'application de diffusion en direct Périscope et de son smartphone, il couvre à sa manière très personnelle les attentats du 13 novembre 2015, le mouvement Nuit debout en 2016… Il part de rien, il n'a aucune relation dans l'univers de la télévision, mais il est de plus en plus suivi sur les réseaux sociaux. De grands médias repèrent ce phénomène, l'analysent, consacrent des articles et des reportages au «journalisme moderne» que Rémy est en train d'inventer, en immersion, en live, en solo et sans contrainte de temps.

BFM-TV l'approche, lui propose un CDI. Il refuse… et signe chez Brut., qui n'est pas encore un média, seulement un projet qui verra le jour trois mois plus tard. Sa motivation: Brut. lui permet de rester dans le format qu'il a inventé. En plus, il y bénéficiera de l'expérience et des conseils de journalistes confirmés. Rémy est aujourd'hui une vraie star du journalisme, mais il est resté lui-même.

Comment a-t-il fait pour réussir sans aucun atout au départ? Il trouverait étrange de parler de chance, lui qui a juste osé « y aller », sans même vraiment savoir où. Il me livre son *modus operandi*, que je te retranscris avec mes mots :

1– Sortir de son milieu pour rencontrer d'autres personnes. Cela peut être d'abord laborieux, mais, ensuite, tu apprends à entrer en relation et y parviens facilement.

2– S'affranchir de tous ceux qui vous disent avec amour et sincérité : « Ne fais pas ça », « C'est compliqué ». Ils ont peur pour toi, peur d'un échec, de déceptions. Ils t'aiment, mais ne les écoute pas. Vas-y !

3– Faire ce en quoi l'on croit et que l'on a vraiment envie de faire. Autrement dit, ne pas s'égarer sur de faux chemins qui apparaissent rassurants, mais au long desquels tu perdras l'envie d'avancer parce qu'ils ne te correspondent pas.

L'application de ces trois règles aide à « convoquer » la chance. Il reste ensuite, dès qu'elle se présente, à savoir la saisir.

Peut-être que, en lisant ces lignes, tu te dis que je suis un grand naïf. Que je ne sais pas qu'il y a des bien-nés et des mal-nés, des personnes qui ont la baraka, la famille idéale, les facilités, les chemins tout tracés, et d'autres qui ne les ont pas. En somme, des chanceux et des malchanceux, séparés par une barrière infranchissable.

Je vais te confier un secret. Pendant des années, j'ai eu honte de ma réussite. Je m'en excusais en l'attribuant à la « chance ». Je n'osais pas dire que, pour saisir cette chance, j'avais trimé. Je me cachais derrière mes yeux bleus, ma maman aimante, mon couple solide, mes enfants. Vu de l'extérieur, je collais effectivement à l'image du chanceux qui avait conquis New York. Ma façade était aussi proprette que celles des belles maisons de Wisteria Lane dans la série américaine *Desperate Housewives.* Mais derrière ces façades se déroulent en cachette toutes sortes de drames.

Derrière ma propre façade, il y avait mes parents divorcés – un papa que je voyais peu, une maman qui avait été blessée par la vie –, puis mon frère que j'ai perdu. Chanceux, moi ? Soyons clairs : cela était une légende. Du *storytelling*, comme celui de tous les « chanceux Instagram » qui jamais ne te parleront de leurs échecs, de leurs difficultés. En fait, la vie Instagram n'existe pas. Seuls les benêts y croient.

La chance existe, mais les chanceux n'existent pas. Il y a seulement celles et ceux qui savent saisir leur chance.

Alors oui, moi, j'ai su la saisir. J'ai compris très tôt que j'avais un atout : ma capacité à convaincre les gens. Je l'ai utilisée, je l'ai exploitée pour créer une entreprise, puis une deuxième, puis une troisième ; pour me construire à chaque fois un portefeuille de clients et ensuite bien les revendre.

J'ai construit ma vie professionnelle comme j'ai construit ma vie familiale : sans chance mais avec beaucoup de travail, d'efforts, de volonté. Je n'ai pas la chance d'avoir un couple solide et des enfants épanouis, j'ai travaillé pour qu'ils le soient et qu'ils le restent.

Saisir sa chance, c'est la cultiver. Ce n'est pas une affaire de moyens financiers ; c'est un état d'esprit. Si tu passes ton temps à ressasser et à te comparer aux autres, tu resteras à tourner en rond dans ton coin. Si tu dépenses toute ton énergie à cacher ce que tu es et à t'inventer une belle histoire publique, à jouer la comédie, à te façonner un personnage, tu n'avanceras pas plus : ton passé te tirera littéralement vers l'arrière.

Tu portes un sac et il est lourd. Tu crois que ce qu'il contient pourrait te plomber et te placer dans une position de faiblesse, d'infériorité potentielle. Nous portons tous un sac : la famille parfaite, le milieu parfait, la vie parfaite n'existent pas. Bien sûr, certains sacs sont moins lourds que d'autres, ils peuvent même être très légers, mais à la longue, à force de les porter, tu ne peux plus courir.

Admets que ton sac est là, sur tes épaules. Au lieu de dépenser ton énergie à le cacher, pose-le par terre à côté de toi et assume-le en sachant que nous sommes tous comme toi.

Jonathan Anguelov est (le « chanceux » !) fondateur d'une licorne, une start-up évaluée à plus d'un milliard de dollars : Aircall. Pour la lancer, il lui a fallu poser son sac, me confie-t-il : « Au début, je voulais être financier. Je n'étais pas mauvais, mais je n'étais pas le meilleur. Il est horrible de travailler toujours avec ce truc de "je ne serai jamais le meilleur". C'est à ce moment-là que je décide de cesser de cacher mon enfance, qui était mon secret, ma vie. Je l'ai fait pour donner espoir aux autres, pour leur prouver que tout est faisable et ne tient qu'à l'ambition. Il est vrai qu'on ne naît pas tous sous la même étoile. En revanche, on est tous au même endroit et on peut y arriver si l'on veut. »

Le sac de Jonathan était particulièrement lourd. Il n'a jamais su qui était son père. Sa mère, venue de Bulgarie et maîtrisant mal le français, a fait un déni de grossesse et ne s'en est rendu compte qu'à quelques jours de l'accouchement. Il a treize ans quand elle est ruinée par ses associés. Il est alors placé par l'Aide sociale à l'enfance dans une famille d'accueil, dans une ZEP à Sucy-en-Brie. Jonathan y est malheureux comme les pierres. Certains soirs, il ne mange pas à sa faim. Un an plus tard, il est changé de famille, direction cette fois Épinay-sur-Orge. « Je découvre les travers et les difficultés d'être placé et de devoir l'expliquer à mon entourage à l'école. Pas évident… »

Jonathan garde un objectif en tête : réussir sa vie coûte que coûte. Il sait qu'il ne s'en sortira que par les études. Il enchaîne les formations, contracte à dix-huit ans un prêt étudiant avec lequel il achète une studette puis deux, multiplie les petits boulots pour manger et décroche un master en finance à l'ESCP. Il est embauché comme broker à Londres. La suite, c'est en 2014 : « Je décide de commencer à communiquer sur mon enfance, en tout cas en public. Avant, c'était secret, c'était ma vie, seuls mes amis proches le savaient. J'ai franchi ce pas parce que j'ai réalisé qu'ainsi j'allais donner de l'espoir à d'autres. Leur montrer que c'était faisable. »

Une fois libéré de son sac, il ose lâcher son job pour se lancer dans sa passion : le business. Et il crée Aircall. Penses-tu encore que Jonathan Anguelov, cet enfant si peu gâté, est un chanceux de naissance ?

Je peux aussi te raconter l'histoire de John McCall MacBain, un entrepreneur considéré aujourd'hui comme le plus grand philanthrope canadien. Né à Niagara Falls au Canada, John rêvait, depuis qu'il était enfant, de devenir professeur… de natation. À dix-sept ans, il décroche un emploi dans la ville de Niagara, mais il est remercié quasiment *illico* quand il demande un congé pour aller représenter son école à Ottawa. Faute de mieux, il commence à donner des leçons particulières de natation, puis crée une école privée qui fait concurrence aux cours offerts par la municipalité.

Mais il a envie d'aller plus loin. Il s'inscrit à l'université de McGill et rêve de la Harvard Business School. Avant d'y aller, il reçoit la bourse Rhodes pour étudier à l'université d'Oxford, en

Angleterre. Puis il postule pour une bourse pour Harvard, elle lui est refusée. Il essuiera trente-six refus avant d'en décrocher une, et de finalement intégrer Harvard.

Son diplôme obtenu, il s'oriente vers le marketing, mais se fait rattraper par l'entrepreneuriat. Il lance une entreprise de petites annonces, Trader Classified Media ; en quelques années, elle devient la plus grande de son secteur au monde. Cependant, il réalise que sa mission de vie est ailleurs. En 2007, il revend sa boîte et, devenu milliardaire, crée une fondation – qui finance évidemment des bourses. Plutôt que de chance ou de malchance, il préfère parler de la capacité à prendre des risques. « La plupart des jeunes, constate-t-il, ne veulent plus en prendre. Or, il ne faut pas trop réfléchir avant de quitter une entreprise pour se lancer seul. Ils se disent qu'ils ont un bon salaire, qu'ils vont passer de 50 000 dollars à 0 dollar. C'est faux, le risque n'est pas si grand, il faut le pousser au lieu d'analyser, analyser, et encore analyser. Quand tu as encore un doute, agis ! »

À RETENIR

- En dehors des réseaux sociaux, la vie idéale et la famille idéale n'existent pas.
- La chance ne se donne pas, elle se saisit. Et c'est du boulot !
- Pose ton sac, assume qui tu es et ce que tu es. Allégé, tu sauras courir plus vite et surtout plus longtemps.

Pour retrouver l'intégralité de l'interview de Rémy Buisine sur le podcast PAUSE, flashe ce QR code

Pour retrouver l'intégralité de l'interview de Jonathan Anguelov sur le podcast PAUSE, flashe ce QR code

Pour retrouver l'intégralité de l'interview de John McCall MacBain sur le podcast PAUSE, flashe ce QR code

Chapitre 12
La culture de l'effort

« C'est dans l'effort qu'on trouve la satisfaction et non dans la réussite. »

Gandhi

Si je n'ai jamais brillé à l'école avant mes études supérieures (sauf dans mes lointains souvenirs de primaire), c'est parce que je ne travaillais pas. Ma maman, qui m'aimait inconditionnellement, n'était pas très regardante sur mes notes, et nul ne me poussait à fournir le moindre effort dans les études. Je n'en voyais pas l'utilité.

En revanche, au lycée, j'avais trouvé une idée pour gagner un peu d'argent : organiser, une fois par an, dans l'enceinte de l'établissement, un concert ouvert à tous. J'avais réussi à obtenir l'accord du proviseur, il me restait à monter l'événement : trouver des sponsors auprès des commerces locaux, monter une équipe et la gérer, sélectionner des groupes de rock, créer et imprimer les affiches, organiser la vente des billets, l'installation de la scène dans la cour du lycée et j'en passe. C'était un boulot énorme, mon premier boulot.

Pendant des semaines, ma vie tout entière tournait autour de ce concert. Je travaillais jour et nuit, je me découvrais des capacités de travail insoupçonnées. J'étais dans mon élément. Il y avait plus de mille spectateurs. À ce moment, j'ai compris l'astuce de la réussite : se fixer un objectif concret, atteignable, et y aller avec un travail acharné.

Quand, après avoir (enfin !) décroché mon bac, j'ai débarqué à la faculté de Nanterre, j'avais quelques bases, certes, mais disons qu'il s'agissait du « minimum légal » pour entamer un parcours universitaire. En revanche, j'avais un objectif : réussir à rejoindre mon amoureuse à HEC. Elle entamait une classe préparatoire, c'est le temps qu'il me fallait pour décrocher mon DEUG. Je devais surtout le décrocher brillamment pour rejoindre l'université de Paris-Dauphine, un tremplin qui me permettrait d'atterrir à HEC. Je n'avais pas droit à l'erreur.

J'ai donc appris à travailler. J'ai saisi d'instinct qu'il me faudrait, au-delà de cet objectif à moyen ou long terme, des modèles courts, à plus brève échéance. Cet escalier, j'étais décidé à le gravir et, pour atteindre le sommet, je le monterais marche après marche. Quant à sauter toutes les marches d'un coup et atterrir à HEC par la voie classique, je savais bien que c'était un objectif inatteignable. Je l'avais donc complètement ôté de mon champ de vision. De la même manière que je n'avais jamais envisagé d'organiser mon premier concert au Zénith ou au Stade de France…

À la faculté, chaque examen était une marche. Et je bossais ! J'ai bossé à Nanterre, où mes notes m'ont permis de rejoindre Dauphine. J'ai bossé à Dauphine et je suis devenu le « coloc » de Florence à HEC. Nous ne nous sommes plus jamais quittés.

Sois raisonnable et adapte ton action à ce qui est faisable. Donne-toi un objectif à long terme. Mais donne-toi surtout des objectifs concrets et réalisables à court terme. Chaque petite victoire est quand même une victoire…

La culture de l'effort, c'est celle du travail. Le mot peut sembler effrayant aujourd'hui, mais, pour moi, ce n'est pas un gros mot. C'est la condition de la réussite. Elle naît d'un objectif que tu te donnes et pour lequel tu es prêt à consentir ces efforts. Cette motivation devient ton moteur.

Au début des années 1990, un psychologue suédois, Anders Ericsson, a mené une étude sur les élèves de l'Académie de musique de Berlin qui apprenaient le violon. Il a sélectionné ceux qui avaient en moyenne vingt ans et les a partagés en trois groupes : les potentiels solistes de stature internationale, les bons violonistes, et les moins bons. Ericsson leur a posé à tous la même question : depuis le premier jour où vous avez tenu un violon, à combien d'heures au total évaluez-vous votre pratique ? Ils avaient tous commencé vers l'âge de cinq ans… mais ils n'avaient pas tous fourni autant d'efforts. Tous les futurs solistes totalisaient dix mille heures de pratique. Pour les autres, c'était beaucoup moins. Ericsson a recommencé son expérience avec, cette fois, les élèves pianistes. Et il a obtenu exactement les mêmes réponses.

Un neuroscientifique américano-canadien, Daniel Levitin, a par la suite repris l'expérience d'Ericsson et l'a étendue à toutes sortes de champions : des sportifs, des joueurs d'échecs, des romanciers... Partout, là aussi, la théorie des dix mille heures s'est révélée valable.

Le rugbyman Antoine Dupont, prodige du Stade toulousain et de l'équipe de France, désigné meilleur joueur du monde 2021, me le confirme quand je l'interroge sur le secret de sa réussite : « Jouer, jouer, encore jouer. » Il a passé son enfance puis son adolescence avec un ballon entre les mains. « J'étais, me dit-il, en train de former le joueur que je suis aujourd'hui. Ne lâche rien et travaille, surtout pour arriver là où tu veux. Mais ne perds pas de vue le plaisir, il dicte tout. »

Cela dit, la culture de l'effort, ce n'est pas seulement de 9 heures à 18 heures. Elle s'applique aussi avec ta famille, avec tes amis, avec ton entourage. Elle te sera indispensable pour que ton couple dure, pour que tes enfants se construisent et s'épanouissent. Il faudra parfois que tu te forces pour les accompagner le dimanche matin, sous la pluie, à leur match de foot. Mais tu le feras, même si tu aurais préféré voir des amis, regarder une série Netflix ou lire un bon roman. Crois-moi, comme Antoine Dupont lors de ses entraînements de rugby, tu en tireras beaucoup plus de plaisir...

J'ai été très sincère avec toi, je vais continuer à l'être. À ce stade, il y a un seul obstacle que tu risques de rencontrer, et il vient de toi : il s'agit du doute, un frein important pour tout ce que tu entreprends.

Quand j'ai organisé mon premier concert, je ne savais pas si j'allais réussir. Quand je frappais aux portes des commerçants et des entreprises locales pour obtenir un sponsoring, je ne savais pas s'ils allaient me dire oui. En revanche, je savais que j'avais une compétence, un *soft skill* dont je t'ai déjà parlé : ma capacité à convaincre les autres. Je me concentrais sur elle et quand, à la fin de la journée, j'avais eu dix « non » et deux « oui », j'estimais avoir réussi.

Pour Michel Cymes, le plus célèbre médecin du PAF, tout commence par la volonté. D'ailleurs, il me confiait : « Tu sais, moi j'ai quelques maximes qui dirigent ma vie. Et il y en a une de Pythagore qui dit : "Rien n'est impossible, même l'invraisemblable." Et ça, je me le dis souvent. Je pense que quand on a un but dans la vie, on peut essayer de se donner les moyens. Ce n'est pas toujours possible, bien évidemment, mais on peut se donner les moyens d'y arriver. Je ne connaissais personne avant, quand j'ai commencé la radio, j'avais juste le culot. Je suis allé voir les gens, j'ai été rejeté par Autoroute FM, je n'étais pas issu d'une famille de médecins, d'une famille de médias, et pourtant je me suis dit : j'ai envie de le faire, et je me suis donné mes chances. Qu'est-ce que je risque d'autre à part que l'on me dise non ? »

Certaines personnes doutent tout le temps. Il ne s'agit pas des petits doutes qui se balayent, mais d'une attitude presque innée, découlant du fait qu'elles pensent trop. Ce n'est ni un défaut ni une qualité, mais une caractéristique qui, comme je te l'ai dit, se tourne en ta faveur dès que tu la connais et que tu l'assumes.

Es-tu un *thinker*, un « penseur », ou un *doer*, un « faiseur » ? Un *thinker* pense, doute, il peut aussi se projeter à dix ou quinze ans, établir des plans sur le long terme, approfondir ses recherches, découvrir des idées nouvelles auxquelles personne n'avait pensé. Le *doer* sait entreprendre et il a besoin d'objectifs à court terme. Tu es un *doer* ? Introduis des *thinkers* dans ton équipe. Et inversement, car la clé est l'équilibre et la complémentarité.

À RETENIR

- L'astuce de la réussite : se poser un objectif concret, réalisable, et s'y atteler avec un travail acharné.
- Dix mille heures de travail sont la base de la fabrication des champions – ce qui n'est évidemment pas adapté à tout le monde.
- La culture de l'effort ne s'applique pas seulement au travail, mais dans toute ta vie, y compris avec ta famille et tes amis. Elle est le secret de la réussite.

Pour retrouver l'intégralité de l'interview d'Antoine Dupont sur le podcast PAUSE, flashe ce QR code

Pour retrouver l'intégralité de l'interview de Michel Cymes sur le podcast PAUSE, flashe ce QR code

Histoire de vie III

Bruno Pavlovsky

« Ce qui compte, c'est l'envie »

Une enfance au Pays basque, des études de commerce et des débuts dans le monde de l'audit, une rencontre conjuguée à beaucoup d'audace a conduit Bruno Pavlovsky à intégrer l'univers du luxe et à en devenir une figure en prenant les rênes de Chanel – il est président monde de l'activité mode depuis 2004, et président des Maisons d'art depuis 2007.

De prime abord, il n'avait pas envie d'y aller. « Je voulais, me confie-t-il, rejoindre Deloitte aux États-Unis, travailler sur les prix de transfert et devenir un grand fiscaliste international. Mais Chanel m'a rattrapé quand Deloitte, où j'étais jeune consultant en France, m'y a envoyé pour les révisions des comptes, en 1990. J'évoluais pourtant très loin de la mode… »

L'activité mode n'était alors qu'une petite entité d'une trentaine de boutiques au sein de la marque. « C'est ce que l'on appellerait aujourd'hui une start-up, se souvient-il. Karl Lagerfeld était déjà là, mais sa contribution n'avait pas encore explosé. Cette branche avait besoin de se structurer, de s'organiser. Nous étions une trentaine de salariés qui faisions tout ou presque, en travaillant sur tous les sujets et en nous débrouillant avec ce qu'il y avait. Nous mettions la main à la pâte y compris pour ouvrir une boutique. Je n'avais pas d'autre choix que l'immersion dans la réalité de ce qu'était la mode à ce moment, présent sur tous les fronts et contribuant à ce que tout fonctionne. Je me suis trouvé au bon endroit, au bon moment. »

L'aventure n'a pas été facile et Chanel n'a pas toujours été la marque emblématique que l'on connaît aujourd'hui. « Il y a eu des années tendues, confie Bruno Pavlovsky. On s'est posé des questions sur la nature du produit vendu, sur ce qui était à garder, ce qui était à jeter, y compris notre sac iconique. La clé du succès a été le collectif. Le collectif derrière Karl Lagerfeld, qui avait une capacité à rassembler, à pousser chacun à donner le meilleur de ce qui est possible pour réussir. »

Il y a eu les échecs, mais aussi les succès. Les équipes qui s'étoffent. Des recrutements pour lesquels Bruno Pavlovsky s'est systématiquement donné une règle d'or : la diversité. « La mode est un melting-pot où on a besoin d'énormément de diversité, d'un recrutement très large qui ne s'arrête pas à une seule école, à une seule formation. Nous avons parmi nous des diplômés, des autodidactes. Ce qui compte, c'est l'envie, c'est le talent, ce n'est pas la couleur de la peau ni quoi que ce soit d'autre. C'est aussi ce qui protège la mode de la standardisation. Elle fonctionne parce qu'on hume l'air du temps. Or, pour humer l'air du temps, il faut avoir une sensibilité qui n'est pas normée. »

L'autre secret de la réussite qu'il nous délivre est… le travail. « Je ne suis pas arrivé parce que j'étais plus malin, mais parce que je travaillais. Je pense que, pendant vingt ans, j'ai dû travailler quinze heures par jour. Je connais peu de gens autour de moi qui ont réussi et qui n'ont pas été des gros travailleurs. Si certains y arrivent en travaillant moins, je suis très heureux pour eux… »

Quant à la création, il prend le temps de donner sa conception sur le sujet : « Par essence, elle est l'art de se planter. De se tromper… mais pas trop quand même. Pour créer, il faut être capable d'écouter, d'accompagner, d'influencer, et cela demande du temps. C'est aussi beaucoup de confiance, en soi et dans ce qu'on va faire. Il faut aussi oser : créer, c'est se déshabiller tous les jours… »

Pour retrouver l'intégralité de l'interview de Bruno Pavlovsky sur le podcast PAUSE, flashe ce QR code

Chapitre 13

La vie est une route à deux voies

> « Il faut s'entraider, c'est la loi de la nature. »
>
> Jean de La Fontaine

Il y a cinq ou six ans, l'un de mes amis, à qui je demandais de contribuer à l'organisation de la soirée caritative d'Epic, s'était agacé : « Tu passes ton temps à demander des dons, des contributions, un soutien logistique. T'arrive-t-il de ne pas demander ? Tu devrais faire attention. »

Sur le coup, j'avais été surpris et même vexé : je demandais pour la bonne cause, pour changer la trajectoire des enfants en difficulté, pour aider des femmes à reprendre pied dans la vie. Je ne demandais rien pour moi. Puis, avec un peu de recul, j'ai réalisé que j'avais trop tiré sur la corde. Je n'avais jamais proposé mon aide à cet ami.

J'étais dans mon tunnel et j'agissais de bonne foi. J'avais oublié que la vie est une route à deux voies, fondée sur l'échange et le partage. Elle ne fonctionne pas à sens unique.

Je ne plaisante pas ! La route à sens unique est une voie de garage. Il suffit de petits riens pour que les deux sens se mettent en place. Je ne rentre jamais dans une boutique, une boulangerie, un café, un taxi, sans demander à la personne qui m'accueille : « Comment ça va ? » Tu te dis que ce n'est rien ? Mais j'ai aussitôt droit à un sourire et à un accueil encore plus sympathique. Je ne donne pas grand-chose à cette personne, sinon quelques secondes d'attention ; en retour, je reçois un peu d'attention. Essaye-toi à cet exercice ! Certains s'attendent tellement peu à ce que tu inaugures une route à deux voies qu'ils te regardent d'abord comme un extraterrestre. Certes, ce « comment ça va ? » ne va pas changer le monde. Mais il participe des petits pas, des petites victoires, des petits gestes qui font que le monde sera meilleur.

« Tu récoltes ce que tu sèmes », dit le proverbe. C'est aussi ce que l'on peut appeler une méritocratie de l'acte. La méritocratie est l'idée selon laquelle on peut parvenir à une promotion sociale du fait de ses talents et de son travail. Je suis convaincu que l'on peut également l'obtenir grâce à des actions positives dont les bienfaits te reviendront en boomerang, tu ne sais pas quand, tu ne sais pas où. Tu sais seulement que leurs bénéfices te sont acquis.

Patrick Pichette, qui a été premier vice-président de Google, puis président du conseil d'administration de Twitter jusqu'à son rachat par Elon Musk, associé de la firme de capital-risque Inovia, en est témoin. Né dans un quartier ouvrier de la banlieue nord de Montréal, il a été le premier de sa famille à suivre des études universitaires. Grâce à la bourse «Rhodes», il a même pu rejoindre, pendant deux ans, l'université d'Oxford. La première année, il a joué pour l'équipe universitaire de hockey sur glace. La deuxième année, il aurait préféré se consacrer entièrement à ses études, mais l'une de ses amies lui demanda de donner de son temps à l'équipe féminine de hockey, qui était en manque de coach. «Je n'avais pas le temps, me raconte-t-il, mais je l'ai fait parce que j'ai un principe dans la vie: "Quand tu n'es pas certain, sois généreux." Je ne l'ai pas regretté: je n'ai jamais autant ri de ma vie.»

L'année terminée, Patrick Pichette rentre au Canada et débute une carrière professionnelle qui l'amènera à exercer en tant que directeur financier de plusieurs grandes sociétés. Il reste en contact avec Shauna, la capitaine de l'équipe qu'il avait coachée et qui avait, de son côté, entamé son ascension professionnelle. « On s'appelait une fois tous les deux ans, on se donnait des nouvelles : où tu es ? qu'est-ce que tu fais ? Shauna avait fini responsable des ressources humaines chez Google. En 2008, sans que je m'y attende, elle m'appelle un matin à 6 h 15, me propose le job de chef de la direction financière de Google. J'ai évidemment accepté. » Y a-t-il plus belle illustration de la route à deux voies ?

Arrête de demander et d'être dans la revendication : donne d'abord. C'est un principe que j'essaie d'appliquer depuis que j'ai lancé ma première entreprise de services. Nous étions aux débuts d'Internet, je démarchais toutes les petites entreprises locales pour leur proposer des packages assurant leur présence sur la Toile. D'instinct, j'avais rapidement compris que je ne devais pas leur demander d'acheter ce package, mais leur expliquer que j'étais là pour sauver leur entreprise en la faisant entrer dans le XXIe siècle – ce qui n'était d'ailleurs pas faux. La route à deux voies est le principe de la vente : « Je ne vends pas, je suis là pour vous sauver, vous aider, vous rendre service. » Quand tu te mets dans cet état d'esprit, tu as déjà gagné la partie.

Je suis fier de voir que ce principe a été facilement intégré par mon fils aîné, Louis. Il a en effet lancé sa première vraie start-up récemment, durant ses études, avec l'un de ses amis. Je « vendais » Internet en remplacement du Minitel. Louis « vend » l'IA, l'intelligence artificielle, en remplacement des outils existants. Et, comme je l'ai fait avant lui, il démarche des entreprises en leur expliquant qu'elles ont tout à gagner en travaillant avec lui, afin de ne pas perdre pied (et en fait tout perdre) dans le monde actuel, ébranlé par le tsunami de l'intelligence artificielle. Le client ne sait pas encore qu'il a ce besoin. C'est pourtant à celui-ci que répond Louis en lui démontrant qu'il va lui apporter quelque chose d'indispensable. Pour emprunter cette route, tu as une obligation : il te faut d'abord écouter, comprendre, analyser, puis, en retour, développer la solution, le produit, la plateforme, adaptés à ce que tu as recueilli.

Le premier pas ne consiste pas forcément à prendre. Il est souvent de donner. Lance une balle : tu donnes. N'attends pas de retour, n'attends rien en échange. Pourtant, cette balle te reviendra, je te le garantis. Celle-là ou une autre, peu importe. Mais quand tu donnes, tu es toujours gagnant.

Quand je suis arrivé aux États-Unis, un homme, Warren Zenna, qui travaillait dans mon équipe, m'a beaucoup aidé. J'avais trente ans, une famille, et une connaissance limitée des us et coutumes locaux. Il a pris du temps pour m'apprendre les codes de vie, pour m'envoyer des mails avec des conseils de vrai New-Yorkais. Quatre ou cinq ans plus tard, il avait quitté mon équipe, mais j'ai pensé à lui pour un poste dont j'avais entendu parler et qui lui correspondait, dans une autre entreprise. Je l'ai appelé. Il a eu le poste. Ce n'était qu'un juste retour d'ascenseur qui n'avait rien de transactionnel.

À RETENIR

- Arrête de demander et commence parfois par donner. Tes actions positives te reviendront comme un boomerang.
- La route à sens unique mène à une impasse.
- Chaque petite attention à l'autre, même la plus anodine, a de la valeur.

Pour retrouver l'intégralité de l'interview de Patrick Pichette sur le podcast PAUSE, flashe ce QR code

Chapitre 14
Déploie tes antennes

« Prends du temps chaque jour pour t'asseoir tranquillement et écouter. »

Bouddha

Alexia Laroche-Joubert a traîné toute son enfance un handicap qui a mis un temps fou à être diagnostiqué : la dyslexie. À l'école, elle écrivait de travers, lisait mal, était catégorisée « stupide ». Cela ne l'a pas empêchée d'obtenir un diplôme en droit avant de bifurquer vers l'audiovisuel. Est-ce cette difficulté qui l'a amenée à développer d'autres qualités, comme l'écoute et l'attention aux signaux faibles, invisibles à première vue, mais tellement précieuses quand tu dois diriger ta vie ?

Alexia a révolutionné la télévision des années 2000. À la fin des années 1990, en lisant la presse, elle s'arrête sur un article consacré à John de Mol, le fondateur d'Endemol, alors illustre inconnu. Il lançait la première émission de téléréalité du monde, *Big Brother*, en s'inspirant d'une expérience scientifique menée au Canada. Une expérience ratée : des individus avaient été enfermés dans une maison, dans l'objectif de recréer un écosystème écologique et sociétal, mais l'exacerbation des conflits avait mis un terme à l'émission.

Alexia se précipite chez le producteur Stéphane Courbit : « C'est un truc dingue, je veux le faire ! » Mais aussitôt le projet de *Loft Story* en place, les critiques affluent, venant des grands médias, d'experts de toutes sortes, de sociologues, de psychologues, qui annoncent la fin du monde ou presque. « J'ai fait peu de cas de ces critiques parce que j'étais sûre d'avoir raison. Je sentais que les gens avaient besoin de raconter leur quotidien et de lui donner de la valeur », m'assure Alexia Laroche-Joubert.

On connaît tous la suite : *Loft Story* a été l'un des plus grands succès de la téléréalité. Alexia, elle, a accumulé les réussites : la *Star Academy*, puis *Koh Lanta*, *Fort Boyard* et d'autres émissions de divertissement parmi les plus populaires de la télévision française.

Alexia Laroche-Joubert n'a rien inventé. Elle a fait mieux que cela : elle a su se transformer en éponge, écouter, repérer un modèle et l'adapter.

Or, la plupart des gens n'écoutent pas, estimant qu'ils savent tout. Aveuglés par leurs certitudes, ils ne se laissent pas imprégner par l'air du temps, par les évolutions constantes du monde, et ils laissent ainsi passer les opportunités d'accompagner ces changements, voire de les précéder. Ils préfèrent se mettre des œillères qui, comme tous les process, les rassurent sans doute, mais les coupent très certainement de la vie.

Se challenger implique de ne pas accepter le *statu quo* ni l'immobilisme. Se challenger, c'est avoir des antennes déployées pour capter toutes les idées, les bonnes comme les mauvaises – à toi ensuite de savoir effectuer le tri.

J'ai créé toutes mes entreprises en sachant que je répondais à un besoin. Mais, ce besoin, j'ai moi-même dû, pour le capter, écouter, regarder, respirer, déployer mes antennes afin de le repérer, de le décortiquer, de le comprendre, pour ensuite construire la structure qui serait capable d'y répondre. En réfléchissant tout seul dans mon coin, crois-moi, je ne serais pas allé très loin…

Te challenger est le moyen de sortir du lot : parce que tu sais écouter les besoins et y répondre différemment, tu déclencheras l'intérêt de tes clients et futurs clients. Et notre monde évolue si vite que, pour réussir cela, tu es obligé de te remettre constamment en question.

Pascal Gauthier est aujourd'hui l'un des rares dirigeants du Next40, les quarante entreprises françaises les plus prometteuses de la tech, à être un autodidacte : il s'est arrêté avant le bac, mais il est le PDG de Ledger, start-up qui conçoit et commercialise des portefeuilles matériels de cryptomonnaies. Pascal a un talent : une curiosité illimitée, loin de s'arrêter à quelques domaines – ceux qui lui sont utiles ou qui l'intéressent particulièrement. En fait, il est curieux de tout. Cela l'avait même conduit à lire *Harry Potter* dès que le premier tome était devenu un phénomène. Une lecture insolite pour un businessman débordé, mais… « je me suis dit : "C'est quoi, ce truc ? Je n'y comprends rien, je vais être obligé de m'y mettre." C'est bien d'être curieux, d'aller se renseigner sans attendre que l'on te donne un scoop. C'est ce que j'ai fait avec les cryptomonnaies. J'ai vu le truc qui arrivait et que je ne comprenais pas. Je n'étais pas plein de certitudes, mais je suis allé voir pour comprendre… ».

J'ai moi-même écouté les jeunes avant de lancer INFIИITE. Des jeunes brillantissimes, mais qui n'avaient pas les moyens de poursuivre des études dans les grandes écoles ou dans les universités internationales prestigieuses. J'ai passé du temps à leur parler, ainsi qu'à rencontrer les différentes parties prenantes sur ces sujets de prêts étudiants (universités, banques, autorités publiques, boursiers...). Tout le monde m'affirmait que le système des bourses n'était pas pleinement satisfaisant... mais qu'il n'y avait pas d'autres solutions. J'ai posé des questions, j'ai enquêté et, après avoir beaucoup écouté, j'ai commencé à construire une entreprise sociale qui allait pouvoir répondre à ces problèmes en apportant des innovations à un secteur qui en manquait. À terme, cette organisation va permettre à des milliers de brillants jeunes de milieux populaires de faire les études qu'ils veulent faire.

Il en allait de même quand j'ai fondé Epic : l'écoute des signaux faibles m'avait permis de comprendre que les systèmes de dons méritaient, eux aussi, d'évoluer s'ils voulaient vraiment atteindre leur cible et contribuer à construire le monde de demain.

Je commence toujours les masterclass que j'anime en prévenant les participants... qu'ils vont devoir participer, c'est-à-dire intervenir, poser des questions, me couper la parole s'il le faut. Parce que, moi aussi, je viens les rencontrer dans l'objectif d'apprendre. Je n'apprendrai rien en m'écoutant. Je deviendrai meilleur en les écoutant, même si parfois je n'ai pas les réponses à toutes leurs questions.

Au sein de mes entreprises, j'ai appliqué cette technique aux présentations clients que nous préparons dans nos bureaux, « en chambre ». Je tiens ensuite à les présenter moi-même, dans un premier temps, à nos clients potentiels. Non pas parce que je n'ai pas confiance en mes équipes, mais pour pouvoir écouter les questions, les hésitations de ces clients et futurs clients qui me fournissent ainsi des signaux faibles. Il m'est arrivé, grâce à cette écoute, de modifier le quart, voire la moitié de la présentation, tant sur le fond que sur la forme. Et ces modifications sont loin d'être définitives : elles évolueront à mesure que viendront d'autres remarques, d'autres questions, voire d'autres évolutions sociétales ou technologiques.

Je ne me suis jamais considéré comme un « sachant », mais comme un laborieux, une personne qui va apprendre, qui va évoluer et qui aura toujours besoin d'écouter. Et cela dans la sphère professionnelle aussi bien que familiale ou sociale. L'écoute est nécessaire à chaque instant. Sors de ta bulle, quitte ta sphère habituelle pour mieux écouter, ou en tout cas pour écouter des choses différentes et t'améliorer.

Je pense que nous le savons tous d'instinct. C'est ce qui explique le succès d'une émission télévisée comme *Les Rencontres du Papotin*, où se pressent personnages politiques et célébrités pour répondre aux questions de journalistes dotés d'une particularité : ils présentent des troubles relevant du spectre autistique. Même le président de la République a accepté leur invitation et écouté ces questions que personne n'avait jusque-là songé à poser. Les journalistes du Papotin nous poussent à écarter les œillères que nous portons et qui limitent terriblement notre champ de vision.

Cela dit, l'écoute implique de l'intelligence. Parce que tu vas écouter toutes sortes de choses. Ceux qui te diront d'y aller et ceux qui te diront de bifurquer. Ceux qui t'encourageront et ceux qui te paralyseront. La « bonne écoute » repose sur deux principes :

1– Fie-toi aux « faisceaux d'écoute » : il s'agit de la même information ou presque, du même avis ou presque, que tu reçois par de multiples biais. Ces faisceaux-là méritent que tu t'y intéresses. Ils t'indiquent un « air du temps », une opportunité, une menace… Quand j'ai publié en 2018 mon premier livre, *La Révolution du partage*, j'ai en effet perçu, de manière indicible, le bouleversement sociétal qu'était en train de nous apporter la quête de sens. Quel bonheur aujourd'hui de ne pas connaître une seule journée où je n'entends pas parler de partage et de sens !

2– Repère les biais : qu'y a-t-il derrière l'information ou l'avis qui te sont donnés ? J'ai connu une étudiante française à qui INFIИITE proposait une bourse pour étudier dans la grande université canadienne dont elle rêvait. Elle a pourtant fini par suivre l'avis de ses parents, qui, craignant de la voir s'éloigner, lui avaient prouvé qu'elle pouvait tout aussi bien rester en France. Outre ce biais égoïste, tu rencontreras le biais de la jalousie, celui de la peur, de la bêtise, de la méchanceté ou même de la certitude – quand on t'affirme par exemple que, venant d'un milieu populaire, tu n'as aucune chance de réussir…

Écoute tout le monde… mais c'est ensuite à toi de jouer pour distinguer ce qu'il faut en retenir.

À RETENIR

- Ne t'enferme pas derrière tes certitudes : tu ne sais pas tout, personne ne sait tout.
- Tu ne peux pas apprendre en parlant, mais en écoutant. Tu as toujours quelque chose à apprendre de la personne qui est en face de toi.
- Fie-toi aux « faisceaux d'écoute » qui te rapportent l'air du temps. Et utilise ton sens critique : ce que tu écoutes t'est utile… mais n'est pas toujours vrai.

Pour retrouver l'intégralité de l'interview d'Alexia Laroche-Joubert sur le podcast PAUSE, flashe ce QR code

Pour retrouver l'intégralité de l'interview de Pascal Gauthier sur le podcast PAUSE, flashe ce QR code

Chapitre 15

Le bonheur est au coin de la rue

> « Ce ne sont pas les années de ta vie qui comptent, mais la vie qu'il y a eu dans tes années. »
>
> Abraham Lincoln

Depuis le jour où j'ai créé la Fondation Epic, je me suis fixé une règle d'or : ne jamais me déconnecter du terrain. Cette fondation soutient des associations sélectionnées à travers le monde pour leur rigueur et leur efficacité, mais aussi pour les bénéfices qu'elles procurent à leur écosystème sur le long terme. Elles sont, pour beaucoup d'entre elles, actives dans des bidonvilles, en Afrique et en Asie.

Rester proche du terrain signifie pour moi m'immerger le plus souvent possible dans ces écosystèmes, toucher du doigt le dénuement le plus extrême des populations auxquelles ces associations s'adressent. J'ai effectué des dizaines de séjours dans ces lieux que l'on imaginerait engloutis sous une chape de désespoir, qui ne figureront jamais dans le top 10, ni même le top 50 des pays où il fait bon vivre, là où l'on dit que les citoyens sont les plus comblés, les plus heureux. Curieusement, c'est pourtant dans ces bidonvilles que je me suis initié à une notion qui a bouleversé ma vie : le bonheur au coin de la rue.

Une scène, lors de l'un de mes voyages, m'avait particulièrement marqué. Dans un terrain vague jonché d'ordures, des enfants jouaient au football avec, en guise de ballon, un ballot de vieux tissus enserrés dans un sac en plastique. Ils ne riaient pas, ils éclataient de rire. Ils n'avaient pas l'air heureux, ils étaient réellement heureux. Ils exultaient. La question que je m'étais aussitôt posée était : « Mais pourquoi sont-ils aussi heureux ? »

Toutes sortes d'échelles de mesure du bonheur ont été mises en place, avec des graduations allant généralement de un à dix. Elles se fondent sur des éléments très concrets, la présence de commodités, la proximité d'un médecin, mais elles passent toutes à côté d'un élément essentiel : le bonheur est avant tout subjectif. Sur ces échelles, on est supposé atteindre les grades élevés lors d'événements exceptionnels, donc rares : le jour de son mariage, de son admission dans une grande école, etc. En somme, on ne serait vraiment heureux que dans les « grands moments » – avec l'inflation que l'on observe dans le terme « grand » : aujourd'hui, plus rien n'est jamais assez « grand ».

Or, dans ce terrain vague où je me trouvais, sans avoir besoin d'appareillages sophistiqués, j'aurais facilement pu établir l'indice de bonheur des enfants qui jouaient à sept ou huit. Dans les jours qui ont suivi, je suis sorti du schéma occidental selon lequel toutes les personnes habitant le bidonville devraient forcément être accablées, et je me suis aperçu qu'ici aussi, dans les pires conditions matérielles, le bonheur existe.

Ce n'est pas un fait anecdotique. Une série d'études menées par des chercheurs internationaux ont quantifié les bénéfices qu'apporte le bonheur. Déjà, sur le plan de la santé et par le jeu des hormones, les gens heureux bénéficient d'un meilleur système immunitaire : ils tombent moins souvent et moins gravement malades que les personnes qui se plaignent tout le temps et ne voient que le verre à moitié vide. Par ailleurs, les gens heureux réussissent mieux dans la vie, que ce soit sur les plans professionnel, social, familial ou conjugal. Quelques points reviennent systématiquement dans les différentes études. Ainsi, ces personnes se fixent d'une part des objectifs plus ambitieux et elles prennent de meilleures décisions. D'autre part, elles persistent plus longtemps dans des tâches complexes, difficiles, sans baisser les bras. Elles ont également tendance à être plus productives… et socialement plus adaptées.

À ce stade de ta lecture, tu te demandes sans doute comment tu pourrais être heureux alors que tu te bats chaque jour contre toutes sortes de difficultés. En réalité, c'est beaucoup moins compliqué que tu l'imagines – même si nous ne partons pas tous du même point, certains tempéraments étant plus optimistes, plus joyeux que les autres.

Essaye d'appliquer ces quelques règles – au début, tu vas peut-être te forcer, mais, peu à peu, elles s'intégreront toutes seules à ton hygiène de vie :

1– La première étape est sémantique, c'est-à-dire qu'elle concerne le sens même du mot « bonheur ». On t'a fait croire qu'il est réservé aux grands événements, aux moments exceptionnels de ta vie. C'est totalement faux. Le bonheur, c'est aussi, voire surtout, celui des menus plaisirs qui te font du bien.

2– Développe de « petits projets ». Si tu es fan de ballon rond, organise une soirée foot avec des amis pour regarder le prochain match à la télévision. Si tu es fan de desserts, repère la petite folie qui te fera plaisir, traverse la ville s'il le faut et… offre-toi ce plaisir. Tu me diras que ce n'est pas grand-chose. Je m'en doute, je ne te dis pas de te satisfaire de rien, mais d'apprendre à apprécier ces petits riens qui peuvent illuminer une journée. Mon petit projet hebdomadaire est le Monday Family Dinner. Tous les lundis, j'invite l'un de mes quatre enfants à dîner dans le restaurant de son choix. Hier soir, c'était dans un petit restaurant italien avec Alice. Nous avons passé une partie de la journée à nous écrire pour évoquer ce dîner futur, et notre tête-à-tête nous a procuré un petit bonheur… que je ressens encore ce matin. Je t'avoue que j'ai le culte du « petit projet » : je m'organise pour avoir souvent des « petits événements » dans mon agenda. Mon objectif n'est pas d'être à sept sur cette échelle du bonheur, mais bien à neuf le plus souvent possible.

3– Rappelle-toi que la vie Instagram n'existe pas. Nous sommes imprégnés d'une culture de comparaisons et de jalousie. Tu as passé un après-midi dans un parc avec tes amis, vous avez ri, vous vous êtes amusés. Tout va bien… jusqu'à ce que tu découvres, sur les réseaux sociaux, les photos de tel chanteur ou de tel artiste qui est, lui, en vacances aux Maldives. Et d'un coup, tu effaces tout le bonheur que tu avais accumulé pendant ta journée. Pourtant, ce qui est chouette, c'est d'assumer ce qui te fait vraiment plaisir ! D'ailleurs, pourquoi ne partagerais-tu pas ton après-midi sur Instagram ? Je parie que tu ferais des jaloux. N'oublie pas qu'il y aura toujours plus riche, plus chanceux, plus grand, plus beau que toi, mais qu'il y aura aussi toujours plus pauvre, plus malchanceux, plus petit, plus laid que toi. Et si nous arrêtions de nous comparer aux autres, que ce soit pour les envier ou pour nous apitoyer sur leur sort ? Il y a tellement d'autres choses plus importantes auxquelles consacrer son énergie !

4– Cette règle vaut également dans la sphère professionnelle. Tu seras peut-être un jour à la tête d'une licorne. Pour le moment, tu n'as pas besoin de te comparer à Steve Jobs et d'en déduire que tu as raté ta vie. Si l'entreprise dans laquelle tu travailles est déjà sur la bonne voie, pourquoi se plaindre ?

5– Apprends à te projeter dans l'avenir proche. Pour moi qui ne petit-déjeune et ne déjeune pratiquement jamais, l'approche de l'heure du dîner fait partie des plaisirs de la vie. Pour l'une de mes amies, fan de séries coréennes, le bonheur, c'est à 6 heures du matin, quand son mari dort encore et qu'elle regarde un épisode d'une série coréenne en sirotant son café. La veille au soir, elle commence à y penser… et à jubiler.

6– Autorise-toi à chercher ces moments, à en profiter, puis à les partager en en parlant autour de toi, même si tu trouves qu'ils sont insignifiants. Les réactions que tu susciteras t'aideront à prendre conscience de leur valeur.

7– Cet exercice-là est quotidien. Ce n'est pas compliqué : ces « petits riens » qui rendent heureux existent, ces petites victoires du quotidien sont là, autour de toi. Même dans les pires circonstances. C'est ce que m'a appris Olivier Goy, qui vit avec la maladie incurable de Charcot, quand il m'a confié : « Je suis prisonnier de mon corps. Je ne peux plus bouger, plus parler. J'ai de la peine à respirer. Mais il y a une bonne nouvelle : c'est le cerveau. Il fonctionne parfaitement bien. Tu réfléchis plus, tu aimes plus… »

À RETENIR

- Le bonheur est subjectif. Ce qui te rend heureux ne rend pas forcément l'autre heureux. Cherche ce qui te rend, toi, heureux.
- Le bonheur ne se résume pas à quelques moments inoubliables de la vie. Ne néglige pas les petits bonheurs : ils font une vie.
- Autorise-toi les moments de bonheur, sans culpabiliser.

Chapitre 16

La *bucket list*

> « Dans vingt ans, vous serez plus déçu par les choses que vous n'avez pas faites que par celles que vous avez faites. Alors sortez des sentiers battus. Mettez les voiles. Explorez, rêvez, découvrez. »
>
> Mark Twain

Bucket signifie littéralement « seau ». Un récipient dans lequel tu déposes ce que tu vas ramasser et que tu souhaites conserver. Il ne s'agit pas d'y entasser tout et n'importe quoi, mais seulement ce que tu sens que tu dois préserver pour plus tard.

Ta *bucket list* est celle de toutes les choses que tu as envie de faire, de voir, d'accomplir dans ta vie. Elle n'a rien à voir avec la *to-do list*, ce pense-bête où tu notes les tâches à accomplir dans la journée ou dans la semaine, histoire de ne rien oublier. Car ce qui est noté dans la *bucket list*, tu ne l'oublies pas.

Mon seau a d'abord été un petit carnet, puis mon ordinateur, sur lesquels j'ai, vers vingt-cinq ans, commencé à rédiger la liste des métiers qui me tentaient. Il y en avait trois :

– Membre des forces spéciales armées

– Professeur d'histoire

– Travailleur social, spécifiquement dans l'aide aux enfants battus.

Il m'a fallu du temps pour dresser cette liste ! Elle est ensuite restée encore plus longtemps dans un coin de ma tête. Mes études commerciales, donc le métier vers lequel je m'engageais, n'avaient rien à voir avec ce que j'avais noté. Mais je savais qu'un jour, pour ne pas mourir avec des regrets, je reprendrai ma liste.

J'y ai repensé en 2010, quand je suis arrivé aux États-Unis. Mon objectif était désormais clair : avoir les moyens financiers de me consacrer à ce qui était vraiment aligné avec ce que je suis, c'est-à-dire en lien avec ces trois métiers qui m'attiraient.

En 2013, tout en finalisant la cession d'une de mes entreprises au groupe Publicis, je m'apprêtais à en vendre une autre, cette fois-ci au groupe BlackBerry. Je voyais donc un faisceau lumineux au bout du tunnel : j'en avais désormais les moyens, ma *bucket list* ne resterait pas une liste de rêves.

Je me suis plongé dans mes différents désirs en commençant par les forces spéciales. J'ai passé des semaines à me renseigner, j'ai même contacté le GIGN en France, la crème de la gendarmerie nationale, mais j'avais dépassé l'âge. Mener cette enquête a eu un avantage : j'ai évacué la frustration.

En parallèle, j'ai passé en revue tout ce qui me manquait pour devenir professeur d'histoire dans une université. J'ai pris mon temps, j'ai réfléchi, j'ai cherché, avant de me résoudre à un constat : il me manquait beaucoup de connaissances et je n'avais pas vraiment envie de reprendre des études universitaires à zéro.

Un autre de mes désirs était de m'occuper d'enfants battus en devenant travailleur social. Là aussi, j'ai pris le temps de me renseigner, de multiplier les contacts et, au fur et à mesure de ma progression, le champ de ce rêve s'élargissait pour embrasser un immense champ social où je pouvais être utile. C'est un domaine auquel je consacre aujourd'hui directement ou indirectement une immense partie de mon temps – même si, contrairement à ce dont je rêvais, je ne creuse pas de puits dans des villages reculés ni n'effectue de maraudes dans des conditions impossibles.

Ma *bucket list* concernait le champ professionnel. Rien ne t'empêche de l'étendre aux voyages que tu aurais envie d'accomplir, à la famille que tu souhaiterais fonder, aux passions auxquelles tu rêverais de t'adonner pleinement, en ne perdant pas de vue le verbe qui anime cette liste : « J'aimerais. » Prendre le temps de dire « j'aimerais », en oubliant « je devrais », te permet déjà de mieux voir dans quelle direction tu as envie d'aller.

La *bucket list* n'est pas le bonheur instantané, celui qui se trouve au coin de la rue. Elle concerne le long terme, elle est l'accomplissement d'une vie ou au moins d'une longue période de vie. Tu ne la dresses pas pour la laisser dormir dans un calepin ou sur ton ordinateur : elle t'oblige à travailler, à inventer et même à la réinventer, à oser afin de la concrétiser pour ne pas un jour te dire « j'aurais pu » ou « j'aurais dû ».

Catherine Sueur a grandi auprès d'un père engagé en politique – qui a été député, secrétaire d'État, maire, sénateur. Elle était gamine quand ses parents avaient reçu un préfet à dîner. « Ma mère, me raconte-t-elle, avait dit qu'il était quelqu'un d'important et nous avait demandé de rester sages. Quand je lui avais demandé pourquoi il était plus important qu'un autre, elle m'avait répondu : "Parce qu'il représente l'État dans le département." Je m'étais dit que c'était incroyable et, sur ma fiche de cinquième, j'avais écrit : "Je veux devenir préfète." J'avais vraiment écrit cela. » Haute fonctionnaire française sortie de l'ENA, elle n'a pas (encore) été préfète, mais elle a dédié sa vie à la fonction publique et à l'État.

Sauf cas exceptionnels, comme celui de Catherine Sueur, la *bucket list* n'est pas autant un point d'arrivée fixe qu'un cadre général dont les contours peuvent toujours être modelés sans que le cap soit pour autant perdu. Maître Delphine Verheyden, avocate de stars du sport français – Martin Fourcade, Kevin Mayer, Teddy Riner, Kylian Mbappé depuis qu'il a seize ans –, avait un seul désir noté dans sa *bucket list* professionnelle : devenir professeure de sport.

Delphine était toutefois douée pour les études et son entourage la poussa à explorer son potentiel. Direction l'université d'Assas, à Paris, pour y étudier le droit tout en pratiquant le karaté pour son plaisir. Sur le tatami, une autre karateka qu'elle croisait régulièrement et avec qui elle échangeait parfois lui proposa de rejoindre les éditions juridiques Dalloz pour participer au lancement de nouveaux codes de droit spécialisés dans le sport.

Ce pan du métier était alors très peu défriché. Delphine en fit sa spécialité : elle est devenue avocate du sport, rapidement approchée par des institutions, des fédérations, puis par des sportifs. De ce parcours, elle retient une leçon : « J'ai enseigné pendant dix ans à Sciences Po et j'ai souvent été frappée par l'idée trop précise qu'avaient mes étudiants de ce qu'ils voulaient faire plus tard. Laissons-nous la chance d'être surpris dans notre parcours : c'est la condition nécessaire pour saisir des mains tendues. Je suis convaincue que nous sommes composés de petits filets d'eau qui tous, inéluctablement, vont rejoindre notre petite rivière. Ce qui est difficile quand on est jeune, c'est d'entendre le bruit que font ces petits filets d'eau. D'autant que, dans nos entourages respectifs, il y a d'autres bruits qui viennent perturber ce bruit-là. »

Laisse-toi surprendre par la rivière qui se forme puis gonfle, par les filets d'eau inattendus qui viendront l'alimenter, parfois la dévier un peu…

À RETENIR

- La *bucket list* n'est pas une *to-do list*. Ici, le temps ne compte pas.
- Ne l'enfouis pas au fond d'un tiroir. Tu serais en train d'enterrer tes désirs les plus profonds au risque de finir ta vie avec des regrets.
- La *bucket list* n'est pas un point d'arrivée fixe, mais un cadre général. Laisse-toi surprendre par les chemins sur lesquels elle te mènera.

Pour retrouver l'intégralité de l'interview de Catherine Sueur sur le podcast PAUSE, flashe ce QR code

Pour retrouver l'intégralité de l'interview de Delphine Verheyden sur le podcast PAUSE, flashe ce QR code

Chapitre 17

La perfection est une illusion

« C'est une perfection de n'aspirer point à être parfait. »

Fénelon

J'ai toujours connu ma maman solaire, gaie, pleine d'entrain, mais aussi sur le qui-vive, secrètement insatisfaite. Je me suis longtemps demandé ce qui la chagrinait, jusqu'à ce que je finisse par comprendre : ma maman est une perfectionniste en quête d'absolu. Le moindre travers la chiffonne, l'empêche d'apprécier pleinement le moment qu'elle vit.

Pas plus tard que la semaine dernière, un dimanche après-midi, nous nous baladions dans les rues de Paris. Le soleil était vif, je portais une casquette. Nous étions en grande discussion, je me suis laissé tenter par la devanture d'une pâtisserie, je lui ai proposé de choisir un gâteau avec moi.

J'avais le nez rivé sur le présentoir. Son regard à elle était rivé sur moi. Et je le sentais désapprobateur. Pourtant, j'avais été poli avec le pâtissier, je lui avais dit « bonjour » et « merci », je lui avais même demandé « comment ça va ? », mais, de toute évidence, pour maman, quelque chose clochait. J'aurais aimé choisir le gâteau avec elle, je l'ai choisi seul. J'aurais adoré qu'elle me donne son avis sur les fraises qui ornaient la tarte, mais elle avait arrêté de parler.

Je la connais bien, je lui dois d'être ce que je suis, et qu'est-ce que je peux l'aimer, ma maman ! Nous avons poursuivi notre chemin et je lui ai demandé ce qui n'allait pas. Elle s'est arrêtée net : « Quand on entre dans un endroit public, on se découvre. » Dans l'absolu, elle avait raison : une règle de politesse veut que l'on ôte son chapeau ou sa casquette une fois le pas d'une boutique franchi. Ma maman a de moi l'image d'un être sans défaut. Ma casquette sur la tête, à l'intérieur de la pâtisserie, avait écorné cette image, même si le pâtissier n'y avait prêté aucune attention. Nous n'avons plus parlé que de cette casquette, coupant court à la discussion agréable que nous avions eue pendant la première partie du trajet.

Maman fait partie de ces personnes persuadées que la perfection existe et qu'elle est atteignable si l'on en fait l'effort. Elle passe sa vie à accomplir cet effort, traquant le moindre détail qui ne coïncide pas avec l'image parfaite qu'elle a en tête : d'elle, de moi, du prince charmant, de la vie entière. Elle reste d'autant plus insatisfaite qu'elle a placé la barre très haut. Forcément, à un moment ou un autre, elle est déçue.

Je n'ai toujours pas réussi à lui faire accepter que nous ne sommes pas des robots, mais de simples humains, et qu'un détail qui cloche, plus ou moins important, existera toujours. Hormis pour un devoir de maths ou de physique, le 20/20 n'existe pas, la femme ou l'homme idéal n'existe pas, le boulot idéal n'existe pas, l'équipe de travail idéale n'existe pas, le corps idéal n'existe pas. Ne te laisse pas leurrer par ceux qui clament vivre dans la perfection ! Ils te l'affirment sur les réseaux, mais dans les coulisses, sous leur carapace, il y a, comme chez tout le monde, des taches, des blessures, des failles. Ils le savent, ils te mentent et parfois se mentent à eux-mêmes.

À côté de ceux-là, il y a les « gens heureux », plus apaisés parce qu'ils ont su arrêter de courir derrière la chimère de la perfection. Je pense ici à une grande dame de la tech, Fidji Simo, qui a été vice-présidente de Facebook et dirige maintenant Instacart, une entreprise valant des milliards à la Bourse de New York. Fidji vit et travaille dans la Silicon Valley, mais elle est née à Sète, dans une famille de pêcheurs. Très douée à l'école, elle intègre HEC, part pour les États-Unis et entame un brillant parcours.

La première fois que je l'ai croisée, c'était à San Mateo, en Californie. Une conférence réunissait tout le gratin de la tech. Elle intervenait. J'avais été stupéfait : la patronne star de la tech américaine s'adressait à 5 000 personnes, mais elle parlait l'anglais... avec un accent mi-français, mi-sétois sans, de toute évidence, en éprouver le moindre complexe. J'en connais beaucoup qui, avec un accent beaucoup moins prononcé, n'osent pas prendre la parole en réunion de service, et auraient encore moins osé envoyer leur CV en Californie comme elle l'avait fait au sortir de HEC.

Elle, son accent ne la troublait absolument pas. Elle ne se posait même plus la question.

Je la lui ai posée et elle m'a répondu en rigolant : « C'est marrant parce que j'avais fait un complexe là-dessus. Et, comme d'habitude j'essaie de me battre contre les problèmes, je suis allée à Stanford prendre des cours de réduction d'accent. C'était une catastrophe ! J'étais en classe avec des Chinois, des Indiens, des Italiens et, à la fin des cours, j'avais un accent un peu chinois, un peu français, mais toujours pas américain. Après cette expérience, je me suis dit qu'il valait mieux que j'embrasse ma différence. »

Les personnes en quête d'absolu auraient porté ce complexe, l'auraient laissé les paralyser et seraient sans doute restées au bord de la route. Alors, affirme-toi, ne te laisse pas freiner, assume ta singularité.

Les mêmes t'affirmeront que l'inverse de la perfection, c'est le laisser-aller. Ils en donnent pour preuve la théorie de la vitre brisée, élaborée au début des années 1980 par deux chercheurs américains, James Wilson, professeur de sciences politiques, et George L. Kelling, un criminologue. Les deux chercheurs sont partis d'un fait : lorsqu'une vitre est cassée dans un bâtiment, si elle n'est pas immédiatement réparée, d'autres le seront très vite après, laissant croire que ce bâtiment est abandonné et ouvrant la voie aux squatteurs.

Ils décrivaient également une expérience ayant eu lieu à Newark, où les patrouilles de police motorisées avaient été remplacées par des patrouilles de police à pied. Celles-ci avaient pour mission de traquer la moindre faille et d'agir immédiatement : un SDF dormant sur le trottoir était réveillé, un alcoolique agité était arrêté et les ordures jetées n'importe où, ramassées. Une faille colmatée après l'autre, la ville était effectivement sortie du cercle vicieux pour entrer dans un cercle vertueux. Cette expérimentation avait par la suite été appliquée à Manhattan, dont certaines zones étaient à l'époque de vrais coupe-gorges. Le taux de criminalité avait, en effet, drastiquement chuté.

Mais le problème de maman est celui de toutes les personnes en quête d'absolu : elles confondent la première vitre brisée et le grain de sable.

La première vitre brisée, c'est mon fils de cinq ans qui commet une grosse bêtise et à qui je fais bien comprendre que ce n'est pas acceptable (dans un monde parfait, un enfant ne commet pas de bêtises, n'est-ce pas ?). C'est le client qui entre dans la pâtisserie sans dire bonjour, qui s'adresse grossièrement au pâtisser, qui crache par terre.

Ce serait ce même pâtissier qui laisserait la saleté s'accumuler dans sa boutique sans même la voir.

Le grain de sable, lui, est l'ordinaire de la vie, dans la mesure où nous n'évoluons pas sous cloche, en milieu stérile. Il s'infiltre dans les rouages de ta machine, mais ce n'est pas grave : au besoin, tu la nettoieras et elle recommencera à fonctionner. C'est le client qui ne dit pas bonjour, mon fils qui renverse son verre d'eau, le pâtissier qui n'a plus ton gâteau préféré.

Lorsque j'ai créé INFIИITE, destinée à aider les jeunes les plus méritants à accéder aux études qu'ils souhaitent, le grain de sable fut que certaines banques avaient refusé d'entrer dans le jeu. C'était un jeu pourtant simple, qui consistait, pour elles, à héberger les fonds de départ fournis par la société, à accorder les premiers prêts à partir de ces fonds, à suivre les remboursements puis les prêts suivants, INFIИITE n'ayant pas le statut d'établissement bancaire pour procéder à ces diverses opérations.

Ce grain de sable avait failli entraîner l'écroulement du château que nous construisions depuis plus d'un an, car, dans le monde parfait que j'imaginais, il fallait une banque avec un nom prestigieux pour servir d'intermédiaire entre nous et les étudiants. Un autre système s'est mis en place, sans recours aux banques comme intermédiaires – ce qui était la solution la plus évidente, en tout cas la plus classique. Nos équipes se sont mobilisées et nous avons construit un système inédit, un peu plus complexe à gérer, mais tout aussi efficace.

Admettre que la perfection est une illusion ne signifie pas que l'on n'essaiera pas de faire de son mieux.

Kevin Mayer est un dieu du stade, double champion du monde du décathlon (2017 et 2022), médaille d'argent aux Jeux olympiques de Rio et de Tokyo, sans compter toutes les autres médailles qu'il a accumulées tout au long de sa carrière. Ce n'est pas une seule discipline sportive qu'il travaille, mais un bouquet de disciplines : la course, du 100 mètres aux 1 500 mètres, le saut en longueur, en hauteur et à la perche, le lancer de poids, de disque, de javelot. « J'essaye, me dit-il, d'aller le plus vite possible vers la perfection technique, en sachant qu'une vie ne suffirait pas pour arriver à maîtriser dix épreuves, alors qu'un spécialiste qui n'en pratique qu'une seule n'arrive pas à la maîtriser parfaitement. J'essaye toujours d'aller plus loin. Je n'atteindrai jamais la perfection, mais j'essaye malgré tout de tendre vers elle, comme je le peux. »

C'est sans doute cela, l'une des clés du bonheur : la mesure entre « je veux être parfait » et « jc vais faire mon maximum ».

Et c'est ce que j'explique souvent à mes enfants : la différence entre l'obligation de résultat et l'obligation de moyen. Leurs notes comptent beaucoup moins que la quantité de travail fournie pour les obtenir. Ce travail-là finira toujours par donner des résultats.

À RETENIR

- Certains croient que la perfection existe et passent leur vie à essayer de l'atteindre.
- Mais cet objectif est inatteignable : ils sont forcément déçus et vivent dans l'insatisfaction.
- Ne cherche pas la perfection, elle n'existe pas. En revanche, cherche toujours à mieux faire.

Pour retrouver l'intégralité de l'interview de Fidji Simo sur le podcast PAUSE, flashe ce QR code

Pour retrouver l'intégralité de l'interview de Kevin Mayer sur le podcast PAUSE, flashe ce QR code

Chapitre 18

Peut-on faire table rase du passé ?

« L'important n'est pas ce qu'on a fait de moi ; mais ce que je fais moi-même de ce qu'on a fait de moi. »

Jean-Paul Sartre

À dix-huit ans, Ramdane Touhami, directeur artistique, créateur de mode, serial entrepreneur, a pris une décision radicale : il a coupé net avec sa famille. Il venait de lancer une marque de tee-shirts, qu'il vendait autour de lui. Il en vendait de plus en plus, mais son père, imaginant derrière ce succès un trafic de drogue comme il en existait dans leur cité de Montauban, voulait qu'il rentre dans le rang. Excédé par l'entêtement de son fils, il finit par le mettre à la porte en l'invectivant : « Tu vas finir clochard. »

Et Ramdane partit. « J'ai fait de l'auto-stop pour monter à Paris. Et j'ai pris une décision assez violente : je ne voulais plus avoir un seul contact avec les gens que je connaissais d'avant. Plus de contacts avec ma famille, avec mes amis, avec personne. J'ai ouvert une page blanche et j'ai tout recommencé à zéro. » C'était, pour lui, la condition d'un vrai nouveau départ dans la vie. Il lui fallut trois ans et demi pour démarrer et rappeler les siens.

J'en aurais personnellement été incapable. Fils de parents divorcés, je n'avais pas une famille idéale, mais j'avais compris, en regardant autour de moi, qu'un tel concept n'existait pas. Je n'avais aucune raison de faire table rase de tout ce que j'avais connu.

En revanche, et c'est ce dont je veux te parler ici, tu te retrouveras parfois dans la vie avec l'envie, le besoin d'un nouveau départ, d'une nouvelle orientation. Tu essayes de t'engager dans une nouvelle voie, mais tu sens que tu n'avances pas. Tu voudrais changer de vie, mais tu restes englué dans ton ancienne vie. Le temps passe, tu accumules les regrets, tu ne comprends pas pourquoi tu es resté au même endroit. Tu vas t'inventer des excuses, et tu finiras par y croire : c'est à cause de ta famille, qui était dysfonctionnelle, qui n'avait pas les réseaux, qui ne t'a pas poussé, encouragé. C'est à cause de ton lieu de naissance, de tes études, de choix malheureux. Tu es tenté de te reposer sur ces excuses. Elles ont un avantage : tu n'avais rien choisi de tout cela, c'est le hasard qui t'a mené là. Regarde ce que la vie a fait de moi, penseras-tu peut-être.

Ce raisonnement pourrait te consoler, mais il n'est pas vrai. En réalité, tu t'es laissé engluer, emprisonner par des fils que tu avais peur de couper. Or, dans la vie, il faut parfois savoir faire table rase, non pas de tout le passé, mais de ce qui empêche de repartir à neuf. On ne mange pas un bon plat dans une assiette souillée par le précédent repas.

L'écrivain Marc Levy avait ce que l'on peut appeler une vie réussie. Né à Boulogne-Billancourt, diplômé de l'université Paris-Dauphine, il crée assez jeune sa première entreprise, mais, après une jolie phase de démarrage, il dépose le bilan. À vingt-neuf ans, il repart de zéro et fonde avec son beau-frère un cabinet d'architecture de bureau. L'entreprise grandit, ses projets se multiplient dans les centres d'affaires internationaux, il gagne très bien sa vie. Au fond de lui, il sent pourtant qu'il ne se réalise pas. Il s'ennuie. Quand il a du temps libre, il écrit : c'est sa passion. Il termine un premier roman, l'envoie à un éditeur, qui accepte tout de suite son manuscrit. Entre le moment où un livre est terminé et celui où il est publié, il se passe toujours plusieurs mois : « Pendant cette période, me confie-t-il, j'avais oublié le livre. J'avais mon cabinet d'architecture, mon travail, mon fils, ma vie, la course permanente. Le livre, lui, était sorti de ma vie. » Arrive le 17 janvier 2000. *Et si c'était vrai*, titre de son roman, est en librairie. « Cette même semaine, se souvient-il, je suis invité par Bernard Pivot à son émission télévisée, qui était alors très regardée, *Bouillon de culture*. Je me sentais en situation d'imposteur, entouré d'écrivains alors que j'avais seulement écrit une histoire. C'est d'ailleurs la première phrase que j'ai dite dans cette émission. J'étais comme un gamin qui s'excuse. »

« Le lundi matin, j'arrive au bureau. On est à peu près une centaine de collaborateurs. Deux contremaîtres prennent l'ascenseur avec moi, et l'un me dit : "On vous a vu vendredi à *Bouillon de culture*, c'était vachement sympa. Ma femme a acheté le livre, on va le lire." Je m'en souviendrai toujours. On était entre le troisième et le quatrième étage. Je pense que ma tension est tombée de quatorze à deux et demi. Je suis sorti de l'ascenseur et suis allé dans le bureau de mes associés. Je leur ai annoncé que je partais. Il fallait que je m'en aille super loin. J'ai quitté mon entreprise et je me suis installé à Londres avec mon fils.»

Marc Levy a radicalement coupé les fils de son passé professionnel, il a fait table rase de son entreprise, de l'architecture, pour se consacrer exclusivement à l'écriture. Son premier livre s'est vendu dans le monde entier à plus de cinq millions d'exemplaires. Depuis, il publie chaque année un best-seller. Il est l'un des auteurs français les plus connus dans le monde.

Et puis il y a ceux qui ont pris leur élan… grâce à leur passé. Stéphane Nomis a grandi dans un HLM de la Grande Borne, à Grigny. Sa mère, femme de ménage, communiste et déléguée syndicale nationale, les a élevés, sa fratrie et lui, avec peu d'argent, mais, m'assure-t-il, «beaucoup d'amour et de valeurs». Il se lance d'abord dans une carrière de judoka. En 1999, après dix ans en équipe de France, il entame une reconversion. Grâce à une formation chez Microsoft, il devient ingénieur en informatique et intègre une entreprise. Il rêve pourtant d'une carrière de commercial. Il apprend ce métier sur le tas, en jouant des coudes, mais il lui reste à faire ses preuves.

Ce défi-là, il le remportera haut la main… grâce à sa mère. En effet, un jour, il voit passer un appel d'offres du CEA. Toutes les sociétés de service sont sur le coup, son directeur lui ordonne de ne pas perdre son temps en visant si haut. Stéphane passe alors… par le bas. Par le biais de sa maman, femme de ménage au CEA, qui lui présente la femme de ménage du service informatique. Celle-ci le met en contact avec un stagiaire, puis avec un deuxième stagiaire, puis avec un salarié. « J'ai passé deux mois ainsi. Tous les jours, je rencontrais une nouvelle personne jusqu'à connaître tout le service. Et on a gagné cet appel d'offres ! »

L'histoire ne s'arrête pas là. « Je me suis dit : si je l'ai fait pour eux, je peux le faire pour moi. » En 2002, il démissionne et crée sa propre société d'informatique, Ippon Technologies – en référence au score maximal que l'on peut obtenir sur le tatami. Il a aujourd'hui comme clients des groupes internationaux tels que LVMH, EDF ou encore Saint-Gobain. Il s'investit en parallèle dans le service aux autres en créant la Fondation Ippon, qui lutte contre la fracture numérique. Et, depuis 2020, il est président de la Fédération française de judo. Mais il n'oublie pas tout ce qu'il doit au métier de sa maman.

Tu veux entreprendre ? Consacre-toi pleinement à ton projet. Pour t'y investir, coupe les fils qui pourraient te parasiter. Mais ne les coupe pas tous : les plus inattendus risquent de se révéler être tes atouts…

À RETENIR

- Tirer un trait sur tout son passé est un acte violent, mais parfois nécessaire.
- En revanche, il faut savoir couper les fils qui t'emprisonnent et t'empêchent d'avancer.
- Il y a une radicalité dans le fait de tourner la page. Mais elle est nécessaire pour savoir repartir à neuf.

Pour retrouver l'intégralité de l'interview de Ramdane Touhami sur le podcast PAUSE, flashe ce QR code

---

Pour retrouver l'intégralité de l'interview de Marc Levy sur le podcast PAUSE, flashe ce QR code

---

Pour retrouver l'intégralité de l'interview de Stéphane Nomis sur le podcast PAUSE, flashe ce QR code

Histoire de vie IV

Ilham Kadri

« Pour gagner, permettre à l'humain de se libérer »

Elle figure, selon le magazine *Fortune*, parmi les femmes les plus puissantes du monde.

Née au Maroc, elle a été élevée par sa grand-mère maternelle, une femme de ménage illettrée. À Casablanca, elles vivent toutes les deux dans une pièce sans eau ni électricité. Il n'empêche : Ilham Kadri affirme avoir connu « l'enfance la plus heureuse ». Dyslexique mais bosseuse, portée par la confiance qu'avait en elle sa grand-mère, portée par ses rêves aussi, elle poursuit sa scolarité jusqu'au bac, où ses résultats lui permettent de décrocher deux bourses scolaires.

Direction Besançon, en France, où travaille sa mère. Elle intègre une classe préparatoire, se passionne pour la chimie, obtient un doctorat, intègre un grand groupe industriel, est repérée et change d'emploi une fois, deux fois, trois fois, jusqu'à devenir, en 2019, PDG de Solvay, un géant de la chimie, puis en 2023 PDG de Syensqo, résultat de la scission de ce même groupe. Son parcours a beau être extraordinaire, Ilham Kadri se considère comme une personne ordinaire. Elle préfère parler de « parcours volontaire » à travers le travail, de « persévérance et détermination », qui sont sa marque de fabrique.

Elle a un premier atout : elle est curieuse. « L'éducation, c'était d'abord pour moi une curiosité. Après, je me suis prise au jeu, j'ai adoré étudier. La curiosité fait partie de moi... » Son autre force, ajoute-t-elle, est le rêve. Elle a toujours rêvé et sa grand-mère l'encourageait à le faire. Elle en tire une leçon de vie : « N'ayez pas peur de vos rêves, même s'ils vous paraissent trop grands. Il faut les avoir, il faut y croire, il faut en parler autour de vous. On n'en parle pas assez quand on est jeune. Pourtant, vous serez étonné du soutien que vous rencontrerez... »

Elle-même n'a jamais bâti de plan de carrière. « Ce n'est pas la destination qui m'intéresse, c'est le voyage. Plus il est intéressant, plus la destination va être brillante. » Chercheuse, elle aurait pu se réfugier dans les laboratoires internationaux. Mais son voyage l'a amenée à renouer avec le terrain, avec les clients, la base de tout métier, insiste-t-elle, pour « écouter, comprendre les besoins et les futurs besoins de nos clients, qu'ils ne connaissent pas parfois eux-mêmes ».

Son chemin est tissé de rencontres et de défis. Si elle est arrivée là où elle est, insiste-t-elle encore, « c'est par la méritocratie, non pas pour la diversité ». Et cela, même si elle a choisi de mettre l'accent, au sein de son entreprise, sur la promotion de la diversité – dont elle considère que le manque est un problème universel – et sur l'élimination de tous types de discriminations au sein du groupe.

Si elle est reconnue dans ses fonctions, c'est, ajoute-t-elle, parce que, au-delà de la performance, elle est centrée sur l'humain : « Se donner seulement des objectifs de performance financière ne rend pas une entreprise immortelle. Il faut permettre à l'humain de se libérer. C'est alors que l'entreprise gagne. »

Pour retrouver l'intégralité de l'interview d'Ilham Kadri sur le podcast PAUSE, flashe ce QR code

Chapitre 19

Et toi, quelle est ta mission ?

> « Il semble que Dieu m'ait mis sur terre avec comme mission de jouer au football. »
>
> Pelé

Voilà un mot tellement galvaudé qu'il a fini par perdre tout son sens, et c'est dommage. Commençons par le définir pour savoir de quoi nous allons parler.

« Mission » est un mot très ancien qui vient du latin *missio*, signifiant l'action d'envoyer une personne investie d'une charge, d'une tâche importante. Cette charge ne consiste ni à préparer la salle de réunion, ni à acheter le pain pour le dîner. Elle a beaucoup plus d'impact que cela.

La mission est un cap que tu te donnes, un objectif que tu poursuis sur le long terme, quelques années, voire toute une vie pour certains. La mission d'une équipe nationale de football ou de rugby est de remporter la Coupe du monde ; elle ne le décrète pas la veille pour le lendemain, elle s'y prépare pendant des années, sur le très long terme. La mission que s'est donnée Bill Gates est de se battre contre la pauvreté, les maladies, l'analphabétisme dans le monde : depuis 2006, il y consacre tout son temps et 95 % de sa fortune.

À mon échelle, je sais, depuis que je suis tout petit, que ma mission est d'être au service des autres. J'ai commencé en maternelle. J'étais le plus grand de taille, le plus costaud, et les autres enfants me considéraient *de facto* comme le grand frère, le protecteur. Je cultivais déjà mon côté « justicier ». À treize ou quatorze ans, je suis devenu, presque naturellement, sans même me poser la question, le « père » de notre petite famille monoparentale, une charge dont ne voulait surtout pas mon grand frère, pourtant plus âgé que moi. J'étais là pour protéger.

J'avais aussi de qui tenir : ma maman, d'aussi loin que je m'en souvienne, a toujours donné gratuitement des cours à ceux qui en avaient besoin. Quand j'étais petit, c'était Ana Belén, la fille de la gardienne de l'immeuble d'à côté, ou Thomas, dont le père avait quitté la cellule familiale, et d'autres encore, qui venaient tous les jours terminer leurs devoirs chez nous. Il n'y a pas si longtemps, c'est un chauffeur de taxi d'origine chinoise que j'ai trouvé chez maman. Elle était montée dans son taxi, l'avait trouvé particulièrement serviable et, vu qu'il parlait mal le français, elle lui avait proposé de l'aider à apprendre cette langue. Élève assidu, il venait chaque semaine pour son cours d'une heure. Évidemment, si je demande à maman quelle est sa mission, elle me rira au nez : ce mot grandiloquent ne lui ressemble pas… elle a néanmoins une mission chevillée au corps : elle aime aider les autres.

Blanche, sa petite-fille (mon troisième enfant), lui ressemble. Je l'ai toujours connue luttant contre tout ce qu'elle considère comme une injustice. Toute jeune, quand nous habitions New York, elle avait gagné un surnom : *United Nations*. Cette inclination, qui me rend heureux, n'est donc pas une question d'âge.

Je n'ai moi-même jamais cessé d'accomplir ma mission, avec des défauts, avec des imperfections, des manquements, mais qu'importe puisque, comme je te l'ai déjà rappelé, la perfection n'existe pas. J'avoue que c'est parfois difficile et pourtant, au risque de te paraître illuminé, je considère cette mission comme une charge dont j'ai été investi. Je n'ai d'autre choix que de l'accomplir. Elle est ma raison d'être, comme on le dit aujourd'hui pour les « entreprises à mission », ou encore mon rôle sur cette terre.

Je me souviens d'une longue discussion avec le photographe Yann Arthus-Bertrand. Nous parlions de la mort, il m'a assuré qu'il n'en avait pas peur, mais que son inéluctabilité « devrait donner du sens à ce que l'on fait : mon métier est-il utile ? Suis-je heureux dans ce que je fais ? ». Il était sincère, il ne cherchait pas à m'impressionner. Me voyant intrigué, il m'a raconté un épisode qui l'avait marqué pendant le tournage de *Human*, à Madagascar. « J'avais demandé à une dame quel était son plus grand rêve. Elle avait réfléchi, réfléchi, et m'avait regardé avec un petit sourire : "J'aimerais mourir avec le sourire." Et j'adore ça ! On va tous mourir un jour. Mourir avec le sourire veut dire que tu as accepté la vie que tu as eue… »

Quel est l'élément déterminant dans cette acceptation ? Je le lui ai également demandé. Et voici sa réponse, telle qu'il me l'a donnée : « Il n'y a pas longtemps, mon fils m'a dit : "Si je pars, j'aimerais que l'on dise que j'étais quelqu'un de bien." Je pense que c'est un objectif. Il ne se calcule pas, ne se chiffre pas. Réussir sa vie professionnelle n'est pas très difficile. Réussir sa vie d'homme tout court est le Graal impossible vers lequel on doit tous essayer de tendre. »

Si tu as envie de faire partie de cette communauté qui arbore un sourire à la fin, il faut que tu arrives à mettre des mots sur ta mission, quelle qu'elle soit, sans en avoir peur et en sachant qu'elle peut ne pas être la même à vingt et à cinquante ans. Je te confie un indice pour la reconnaître : l'impact, si minime soit-il, que tu as grâce à elle sur ton environnement. Prends garde cependant à ne pas te tromper entre la fin et les moyens. L'argent, par exemple, n'est pas une fin, mais un moyen d'atteindre plus facilement ton objectif, d'accomplir ta mission.

Je suis convaincu que nous avons tous une mission, chacun à son échelle. Mais, comme Monsieur Jourdain, qui, dans la pièce de théâtre de Molière, faisait de la prose sans le savoir, nous ignorons, faute de nous être posé la question, quelle est la nature de notre mission.

Je me livre depuis quelques années à un petit exercice. Je prends le temps de discuter avec mes interlocuteurs, y compris les plus sceptiques, pour leur faire prendre conscience de leur mission cachée.

J'ai commencé avec ma femme, par hasard, un jour où je lui parlais de ma mission. Je lui ai demandé quelle était la sienne et, sachant tout ce qu'elle a déjà accompli et tout ce dont elle est capable, sa première réponse m'a stupéfait : « M'occuper de nos quatre enfants. » Je te dresse le tableau : son diplôme de HEC en main, Florence avait tout lâché pour accomplir son rêve et aller en Inde chez les Sœurs de la charité – ordre créé par mère Teresa –, dans un orphelinat réservé aux enfants porteurs de handicaps physiques et mentaux. Elle y avait passé sept mois.

Plus tard, quand nous nous sommes installés à New York, elle s'est engagée comme bénévole auprès d'une association dédiée à l'autisme. À notre retour en France, elle s'est investie dans la production télévisée et elle est devenue la productrice éditoriale d'une émission pour le moins atypique, *Les Rencontres du Papotin*. Je te l'ai déjà présentée : chaque semaine, une personnalité y est conviée par un panel de journalistes ayant une particularité : ils sont tous neuro-atypiques. L'ambition de Florence est, à plus long terme, d'ouvrir une école pour des jeunes porteurs de troubles du spectre autistique. Elle a d'ailleurs repris ses études dans cette perspective.

J'ai interrogé de la même manière un certain nombre de personnes, qui, après des hésitations, des recoupages, des analyses, ont, comme Florence, réalisé qu'elles n'avaient pas un job ou un hobby, mais une vraie mission qu'elles poursuivaient depuis des années :

– Le musicien Ben Mazué a tout de suite compris à quoi je faisais allusion : « C'est vrai, j'ai l'impression d'avoir une raison de vivre. Je ne sais pas si cela me rend toujours heureux, mais faire de la musique me fait me lever le matin sans me poser la question de savoir si oui ou non je dois me lever. C'est une raison de vivre. »

– Lucie Basch, qui a eu l'idée et a développé l'application anti-gaspillage Too Good to Go, a commencé sa carrière dans une multinationale de l'alimentaire, où elle avait pour objectif, me dit-elle, de « faire plus vite et moins cher ». C'est là qu'elle a pris conscience du fait que le gaspillage alimentaire n'est pas intégré aux processus de fabrication industrielle. Écœurée, elle a démissionné, découvert l'économie collaborative et l'entrepreneuriat social, pensé à un système permettant de collecter les invendus des restaurants avant leur fermeture. « J'ai eu, me dit-elle, beaucoup de chance dans la vie, je suis née à Paris de parents qui ont pu me payer mes études, j'ai tout ce qu'il me faut. Si, moi, je ne suis pas capable de me lancer dans un travail qui a du sens et essayer de contribuer à une société dans laquelle j'ai envie de vivre, personne ne le fera… »

– Le journaliste Harry Roselmack, lui, m'a répondu : « Ce que j'aimerais qu'il reste de moi, c'est d'avoir toujours défendu la grandeur d'âme, le fait de ne pas se réduire, de ne pas réduire son identité à des choses très superficielles. Le paradoxe est que je me retrouve souvent à devoir parler de ma communauté entre guillemets. Alors qu'en vérité je ne crois pas du tout à ces concepts. Faire partie d'un tout peut effrayer. Pour moi, c'est la réalité ultime. »

– Un autre journaliste, Rémy Buisine, a relié sa mission à sa profession : « J'essaye, en informant, de donner un sens aux sujets qui animent notre quotidien. Mais aussi de visibiliser ceux qui sont invisibles et qui pourtant existent. Beaucoup parmi ceux qui me suivent se retrouvent dans ces portraits, ils se sentent moins seuls et me le disent. Et ça crée des connexions. Ma première vidéo sur Twitter au sujet des files d'attente devant les points de distribution alimentaire pendant la Covid avait fait cinq millions de vues. La suite a fait l'objet d'une deuxième vidéo, consacrée à des personnes qui avaient vu le premier reportage et avaient décidé de se porter volontaires, à des entreprises qui avaient compris l'urgence et choisi de donner. Ces vidéos ont fait bouger les choses.»

– L'athlète Marie-Amélie Le Fur, détentrice de neuf médailles paralympiques et présidente du Comité paralympique et sportif français, retient, elle aussi, la double notion d'utilité et de proximité: «Le fait d'être là pour les autres, d'aider des gens qui ne sont pas forcément en difficulté, mais qui en ont besoin, est essentiel pour moi. Je ne l'ai compris que récemment. Pour être animée dans un métier, j'ai besoin de me sentir utile, de me battre pour une cause.»

– Jean de La Rochebrochard, qui dirige Kima Ventures, holding d'investissement de Xavier Niel et *business angel* de start-up, avoue sa surprise quand je lui pose la question: «Tu me demandes quelle est ma mission et si je peux avoir un impact durable. C'est un peu tôt, pour moi, pour le définir. Un jour, je me poserai réellement la question. Aujourd'hui, ma mission est de continuer d'accompagner des entrepreneurs et de créer des relations durables et authentiques avec eux…»

– Éric Kayser, l'un des plus célèbres boulangers du monde, issu d'une longue lignée de boulangers, a appris son métier chez les Compagnons du devoir. Une fois sa formation achevée, et alors qu'il voulait se rendre au Canada, les Compagnons l'ont rappelé à… son devoir : former à son tour. « Je suis devenu formateur malgré moi », confesse-t-il. Mais il s'est pris au jeu. « Je suis devenu ce qu'on appelle un formateur itinérant. Aujourd'hui, je forme des gens partout dans le monde, jusqu'au Cambodge et en Afrique, et même en ligne désormais. Mais j'ai surtout à cœur de pouvoir mettre en place des écoles. J'essaie de transmettre, en tout cas mon métier. Si, un jour, il ne restait plus rien d'Éric Kayser, je crois que ce métier de formateur-transmetteur aura en tout cas fonctionné. »

– Marc-Olivier Fogiel, le journaliste et producteur, a, lui, deux missions. La première, qu'il appelle sa « mission de combat », est la défense de l'homosexualité et de l'homoparentalité. La deuxième est la santé mentale : « Je sais ce que sont ces maladies pour les avoir connues ou personnellement, ou de beaucoup trop près. Je connais le tabou qui pèse sur elles, et la difficulté à dire qu'on va voir un psychiatre. Quand on a mal à la tête, on prend un Doliprane. Je voudrais faire entendre que, quand on est dépressif, on prend un antidépresseur. »

– L'explorateur Bertrand Piccard, qui est par ailleurs psychiatre, a joint deux pôles qui pourraient sembler incompatibles : « Ce qui me guide, c'est la volonté d'avoir une vie à la fois excitante et utile. Si c'est seulement excitant, ça peut être très égoïste. Et si c'est seulement utile, ça peut être très ennuyeux. J'ai eu envie de coupler les deux. Lorsque j'ai effectué mon tour du monde en ballon, les gens m'ont remercié de les avoir fait rêver, de leur avoir montré qu'après deux échecs on peut réussir, qu'on peut faire des choses qui paraissent impossibles, et puis que moi, petit Suisse, avec une équipe réduite, je pouvais battre les gros milliardaires américains et anglais. Ça a été psychologiquement utile à beaucoup ! »

De ces témoignages, je retiens d'abord l'immense spectre des missions que chacun peut se donner. Et toi, quelle mission aurais-tu envie de te donner aujourd'hui ?

À RETENIR

- Nous avons chacun une mission, c'est-à-dire un objectif, un but dans la vie. Parfois, nous l'ignorons.
- La mission se reconnaît à son impact, que ce soit dans ton entourage proche ou à plus large échelle.
- C'est elle qui donne du sens à ta vie.

Pour retrouver l'intégralité de l'interview de Yann Arthus-Bertrand sur le podcast PAUSE, flashe ce QR code

Pour retrouver l'intégralité de l'interview de Ben Mazué sur le podcast PAUSE, flashe ce QR code

Pour retrouver l'intégralité de l'interview de Lucie Basch sur le podcast PAUSE, flashe ce QR code

Pour retrouver l'intégralité de l'interview de Harry Roselmack sur le podcast PAUSE, flashe ce QR code

Pour retrouver l'intégralité de l'interview de Rémy Buisine sur le podcast PAUSE, flashe ce QR code

Pour retrouver l'intégralité de l'interview de Marie-Amélie Le Fur sur le podcast PAUSE, flashe ce QR code

Pour retrouver l'intégralité de l'interview de Jean de La Rochebrochard sur le podcast PAUSE, flashe ce QR code

Pour retrouver l'intégralité de l'interview de Éric Kayser sur le podcast PAUSE, flashe ce QR code

Pour retrouver l'intégralité de l'interview de Marc-Olivier Fogiel sur le podcast PAUSE, flashe ce QR code

Pour retrouver l'intégralité de l'interview de Bertrand Piccard sur le podcast PAUSE, flashe ce QR code

Chapitre 20
L'alignement

« Rien n'est si contagieux que l'exemple. »

François de La Rochefoucauld

Walk the talk, dit-on en anglais. Fais ce que tu dis. À première vue, cette phrase peut te sembler simpliste. Pourtant, elle résume à elle seule ce qu'est l'alignement, clé de la réussite.

Tu comprendras plus facilement ce concept quand tu auras lu cette histoire vraie.

En 2018, je suis intervenu lors de la Conférence de Paris à l'initiative de l'OCDE, l'Organisation de coopération et de développement économiques, une institution internationale qui œuvre pour la mise en place de politiques publiques favorisant l'égalité des chances et le bien-être pour tous. Il y avait là de grands patrons, des ministres, le secrétaire général de l'organisation et de nombreuses autres personnalités.

J'ai terminé mon discours en leur parlant de l'alignement et je leur ai posé une première question : « Qui, parmi vous, considère qu'il est juste qu'une entreprise comme Apple ne paye pas ses impôts dans la majorité des pays représentés dans cette salle ? Levez la main. » Aucune main ne s'est levée. Je suis passé à la seconde question : « Qui a un iPhone dans sa poche ? » Là, presque toutes les mains se sont levées. En somme, voilà des personnes qui convenaient que le comportement d'Apple était inacceptable, mais qui, au lieu de tourner le dos à cette entreprise, achetaient ses produits et participaient ainsi à sa croissance au détriment de marques plus vertueuses ou plus honnêtes.

Je comprends que la nature humaine soit pétrie de paradoxes. J'ai conscience que l'on peut céder à la tentation de la facilité. Je m'interdis par ailleurs de juger quiconque. Néanmoins, à la fin de mon discours, je n'ai pas pu m'empêcher de rappeler à cette belle assemblée : « Il n'y aura aucune sortie de crise, aucun changement dans notre société si nous n'alignons pas plus ce que nous disons avec ce que nous faisons. »

Il y a quelques années, la notion de l'alignement était une abstraction : personne ne s'interrogeait à ce sujet. Aujourd'hui, toutes les entreprises, des plus grandes aux plus petites, savent qu'elles ne peuvent plus te vendre des promesses, du vent, des mensonges. Elles ne sont plus autorisées par leurs clients, par leurs salariés, à lancer sur les réseaux sociaux des affirmations fortes et à ne pas les mettre en application. La sanction est très rapide. Et cela est valable pour les individus, dans leur vie professionnelle mais aussi familiale, avec leur conjoint, avec leurs enfants : mes enfants feront plus volontiers du sport si j'en fais aussi, et ils ne lâcheront pas leur portable à table si je ne leur en donne pas l'exemple en laissant de côté le mien.

Il ne s'agit pas de tomber dans l'excès, ni dans l'intransigeance. Il ne s'agit pas non plus d'être parfait – on a bien vu que la perfection n'existe pas. J'essaye moi-même de me mettre en accord avec ce que je dis. Mais, parfois, je trébuche. Je m'étais ainsi promis de réserver mes courses aux commerçants du quartier ou à ceux dont je connais les valeurs et l'éthique. Il arrive néanmoins que je succombe à Amazon – j'ouvre alors mon colis avec une légère honte. J'ai réduit mes trajets en avion, je ne les ai pas annulés. En revanche, j'ai abandonné la marque à la pomme quand j'ai compris qu'elle ne payait pas ses impôts et ne comptait pas le faire. En suis-je malheureux ? Non, au contraire ! Car l'alignement est une clé du bonheur et, désormais, de la prospérité. Tous les gens heureux dans mon entourage proche sont forcément alignés.

Ils le sont à des degrés divers. Tout le monde n'est pas Emmanuel Faber, ce patron militant, véritable moine-soldat de l'alignement, qui a sacrifié son poste de PDG de Danone pour rester en accord avec des convictions plus importantes à ses yeux que la rentabilité de l'entreprise. Il ne comprend pas que l'on s'en étonne : « Perdre mon boulot ne m'a jamais inquiété parce que, pour moi, ce qui est important, c'est d'être aligné et surtout d'être là où cela avait du sens que je sois. Je suis prêt à des compromis, pas à des compromissions, et je l'ai dit aux actionnaires. J'ai été remercié à 22 heures. Je me suis réveillé le lendemain avec un sentiment de liberté absolument hallucinant. Bien sûr, je suis conscient que, avec cette ligne de conduite, j'emmerde le monde. Mais je m'en fous : c'est ma vie. »

Jusqu'au-boutiste, Emmanuel Faber l'a été au point de refuser la très confortable retraite-chapeau de vingt millions d'euros que lui offrait Danone. On s'en étonne encore? Il s'offusque: « Je la trouve très, très injuste quand par ailleurs on paye le litre de lait à 0,31 euro à des gars qui font un boulot sans lequel le mien n'existerait pas. C'est aussi simple que cela. »

Nicolas Chabanne, lui, a l'alignement plus modeste. Rien ne prédisposait cet entrepreneur-communicant à devenir un acteur engagé de la filière laitière en lançant C'est qui le patron?, une marque autant qu'un concept, fondée sur la juste rémunération du petit producteur. Il fut le premier surpris du succès de son entreprise: « Je suis très heureux, me dit-il, de voir que des valeurs, des convictions peuvent devenir globales, générales, partagées. C'est important, le partage! C'est une fréquence collective, une petite musicalité que nous avons tous et qui, d'un coup, vibre au même diapason, de façon bienveillante et positive. Une grande part de notre succès repose sur cette fréquence, sur le fait que nous nous soyons rassemblés autour de l'envie de changer les choses. »

Pour lui, l'alignement peut changer le monde : « Si, en matière d'écologie, au lieu de seulement voter, chacun s'engage à relayer ses convictions dans ses actes d'achat, il y aura un effet. Si nous, citoyens, décidons de nous associer à une action collective, il y aura un effet. Nous avons dans notre poche un bulletin de vote phénoménal qui s'appelle la Carte bleue, qui est capable de changer le monde beaucoup plus rapidement que tous les votes politiques. »

Hubert Joly l'a vécu dans sa chair. Dans une première vie, ce diplômé de HEC et de Sciences Po a été à la tête de grandes entreprises, redressant, entre autres, le groupe Carlson et Best Buy, le géant de la distribution américain. « J'avais conduit ma vie, me dit-il, en fonction des facteurs de motivation "*power, fame and glory*", le pouvoir, la renommée et la gloire. Puis je me suis rendu compte que ce n'était pas fécond, que le service de l'autre était plus intéressant. »

Aujourd'hui professeur à Harvard, il accompagne des dirigeants qui cherchent à mettre en œuvre un leadership centré sur le sens, la recherche du bien commun et l'humain, et il a fondé une chaire à HEC dédiée à la quête de sens en entreprise. « C'est parti, poursuit-il, d'une prise de conscience : le monde économique tel qu'il existe aujourd'hui ne fonctionne pas bien, la recherche à tout crin du profit, ça ne marche pas. Et quelle est la définition de la folie ? D'après Einstein, c'est faire la même chose et espérer un résultat différent. Il fallait donc refonder le monde des entreprises autour du sens et de l'humain et repenser de même l'enseignement du management pour considérer le profit comme un résultat, non comme une finalité. Ces idées sont partagées par beaucoup. La difficulté n'est pas de convaincre, mais de savoir le faire. »

Hubert Joly s'est aligné avec ses convictions. « J'avais gagné la loterie chez Best Buy quand le cours de l'action en bourse était passé de onze dollars à près de cent dollars. J'ai fait un don important pour aider à financer ces projets auxquels je croyais. Pour que le curriculum de l'école soit au goût du jour. »

Pour ma part, parmi mes activités, je dirige blisce/, une société d'investissement responsable. J'ai choisi d'être aligné, y compris dans un domaine, la finance, où l'alignement peut paraître compliqué à atteindre. Avec mon équipe, nous tentons de démontrer que la finance responsable n'est plus un oxymore.

Je suis heureux de constater que les personnes prêtes à consentir des sacrifices pour leur alignement sont de plus en plus nombreuses. Par exemple, chez blisce/, toute nouvelle recrue s'engage à donner 20 % de la valeur générée par son travail et 5 % de son temps à des causes sociales. Quand je l'annonce au moment de l'entretien d'embauche, non seulement mes vis-à-vis ne sont pas perturbés, mais ils sont même rassurés par cette initiative qui va dans le sens de notre vision commune du monde : plus de partage et d'alignement. Tous nos investissements tendent à démontrer que tu peux allier un impact positif sur le monde avec un réel retour sur investissement.

Toi aussi, définis ton échelle, ton curseur, et agis. En t'alignant, tu cesses de tout attendre des autres et tu deviens créateur de changement. Pour toi, pour ton entourage, pour ton entreprise, pour la société.

À RETENIR

- Tu es aligné le jour où tu commences à faire ce que tu dis.
- L'alignement est aujourd'hui une clé essentielle, à la fois du bonheur et du succès.
- Agis ! Quel que soit le domaine dans lequel tu t'investis, tu peux avoir un impact positif sur le monde.

Pour retrouver l'intégralité de l'interview d'Emmanuel Faber sur le podcast PAUSE, flashe ce QR code

Pour retrouver l'intégralité de l'interview de Nicolas Chabanne sur le podcast PAUSE, flashe ce QR code

Pour retrouver l'intégralité de l'interview de Hubert Joly sur le podcast PAUSE, flashe ce QR code

Annexe

Les dix exercices qui alignent une vie

Ces exercices que je continue de m'appliquer ne sont pas un « devoir » que tu dois terminer au plus vite. D'ailleurs, je ne veux pas te désespérer, mais… ils ne seront jamais terminés. Utilise-les comme un support de réflexion. Tu vas t'y plonger une première fois en leur accordant tout le temps nécessaire. Tu vas ensuite y revenir, t'appuyer sur eux pour faire un point, t'éclaircir les idées et rester dans l'alignement, qui est la clé pour être heureux.

Exercice 1

Pense à deux personnes qui t'ont été essentielles à des moments importants de ta vie. Les as-tu déjà remerciées ? Même si tu l'as déjà fait, trouve un moyen de leur redire merci.

Exercice 2

Quelles sont tes trois plus grandes qualités ? Et tes trois plus grandes limites ? Concernant ces limites, maintenant que tu as lu ce livre, pose en face de chacune d'elles un moyen de l'utiliser, sinon de la contourner.

Exercice 3

Parmi toutes les personnes que tu connais, tu en trouveras certainement deux qui ont des limites et qui ont réussi à les contourner. Saurais-tu t'inspirer de leur exemple ?

Exercice 4

Nous avons tous traversé des moments difficiles dans notre vie. Remonte dans ton passé et souviens-toi de deux moments particulièrement difficiles pour toi. Avec le recul, tu vas certainement trouver l'élément positif qui en a émergé : une rencontre, un tournant dans ta vie, voire une leçon de vie.

Exercice 5

À partir d'aujourd'hui, et pendant une semaine, tu vas mettre en œuvre cet exercice : à chaque fois que tu rentres chez le boulanger, dans un taxi et même dans un restaurant, tu feras suivre ton « bonjour » d'un « comment ça va ? ». Apprécie la réaction.

Exercice 6

Quels sont tes petits plaisirs ? Les miens : un concert de Ben Mazué, une pâtisserie mont-blanc, une balade avec mon meilleur ami, un match de rugby avec mes enfants, un dîner en tête-à-tête avec ma femme. Sais-tu vraiment en profiter ?

Exercice 7

Quels sont les trois projets dont tu as toujours rêvé et que tu n'as pas encore réalisés ? Quels sont les obstacles et que pourrais-tu commencer à mettre en œuvre pour les lever ?

Exercice 8

Quelles menottes te gardent prisonnier ? En revanche, imagine-toi libre de ces menottes : quels seront les bénéfices pour toi ?

Exercice 9

Demande à trois proches (des amis, des collègues, des parents) comment ils t'imaginent dans dix ans.

Exercice 10

Dessine quatre cases sur une feuille et remplis-les en suivant les consignes que je t'indique :

Une chose que tu aimes faire, mais où tu n'es pas bon.	Une chose que tu n'aimes pas faire et où tu es bon.
Une chose que tu n'aimes pas faire et où tu n'es pas bon.	Une chose que tu aimes faire et où tu es bon.

Cet exercice non plus ne se termine pas en quelques minutes. Prends le temps d'y réfléchir, d'y revenir, de le modifier. Et puis de réfléchir ensuite à la manière de concrétiser la dernière case, celle qui réunit ce que tu aimes faire et où tu es bon.

Remerciements

Parce qu'ils me supportent dans tous les sens du terme, parce qu'ils m'ont donné leur confiance, parce qu'ils partagent avec moi leur enthousiasme et leur intelligence, un immense merci à mes chères collaboratrices et chers collaborateurs, d'hier et d'aujourd'hui. Vous êtes incroyables et je connais ma chance de vous avoir à mes côtés. Grâce à vous qui m'accompagnez, je peux accomplir ma mission de vie et me mettre au service des autres.

À tous les invités de mon podcast PAUSE qui sont venus raconter avec la plus grande transparence et la plus grande bienveillance leur parcours de vie unique et tellement inspirant.

À toutes les auditrices et tous les auditeurs qui écoutent PAUSE.

À Dounia Mouhaidine, à Sara Kianpour et à toutes les équipes qui ont travaillé et travaillent sur le podcast PAUSE.

Je remercie Isabelle Saporta, PDG de Fayard, et Thomas Vonderscher, mon éditeur.

À Louis, Alice, Blanche et Georges, quelle chance de vous avoir dans ma vie.

À Florence, à mes côtés depuis les bancs du lycée.

À Maman, la personne la plus solaire que je connaisse, merci pour tout l'amour que tu donnes autour de toi.

À Papa, pour ton exemple de détermination et de générosité.

À Fabrice, mon frère et ange gardien, qui m'a permis de devenir plus sage.

Table

Prologue : « Qui suis-je ? » 7

1. Tu ne réussiras pas 13
2. La rencontre... 23
3. Créer la rencontre 31

Histoire de vie I. Hélène Darroze :
« Je me suis longtemps sentie illégitime » 41

4. Limites… ou *VIP pass* ?.............................. 45
5. Comment contourner ses limites 55
6. SOS codes 65
7. La blessure qui sauve 73
8. Qu'as-tu fait de ta blessure ?..................... 83
   Le basketteur devenu slameur....................... 84
   L'entrepreneur devenu militant..................... 86
   La pompière devenue championne
      paralympique.. 89

Histoire de vie II. Mike Horn :
« Crois en ce que tu peux faire ! » 93

9. Cueillir des pâquerettes 97

10. Échecs : la règle du jeu 103

11. Les chanceux n'existent pas 111

12. La culture de l'effort 121

Histoire de vie III. Bruno Pavlovsky :
« Ce qui compte, c'est l'envie » 129

13. La vie est une route à deux voies 133

14. Déploie tes antennes 139

15. Le bonheur est au coin de la rue 149

16. La *bucket list* 157

17. La perfection est une illusion 165

18. Peut-on faire table rase du passé ? 175

Histoire de vie IV. Ilham Kadri : « Pour gagner,
permettre à l'humain de se libérer » 183

19. Et toi, quelle est ta mission ? 187

20. L'alignement 199

Annexe. Les dix exercices qui alignent une vie 209

Remerciements 213

Composition réalisée par Belle Page

PAPIER CERTIFIÉ

fayard s'engage pour l'environnement en réduisant l'empreinte carbone de ses livres. Celle de cet exemplaire est de : 400 g éq. CO_2
Rendez-vous sur www.fayard-durable.fr

Cet ouvrage a été imprimé par CPI Bussière
en février 2024 sous le numéro 2076414
N° d'édition : 48-5046-2/1